跟难缠的疼痛说"拜拜"
——自我拉伸锻炼

主　编　黄强民　张　辉　谭树生

副主编　苏曲之　李铭利

编　委　（以姓氏笔画排序）

刘庆广　李展儒　韩　蓓

动作模特　李展儒

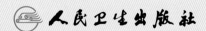
人民卫生出版社

图书在版编目（CIP）数据

跟难缠的疼痛说"拜拜"：自我拉伸锻炼 / 黄强民，
张辉，谭树生主编 . —北京：人民卫生出版社，2016
　ISBN 978-7-117-23242-5

　Ⅰ. ①跟⋯　Ⅱ. ①黄⋯②张⋯③谭⋯　Ⅲ. ①肌肉 –
运动训练　Ⅳ. ① G804.63

中国版本图书馆 CIP 数据核字（2016）第 215435 号

人卫智网	www.ipmph.com	医学教育、学术、考试、健康， 购书智慧智能综合服务平台
人卫官网	www.pmph.com	人卫官方资讯发布平台

跟难缠的疼痛说"拜拜"
——自我拉伸锻炼

主　　编：黄强民　张　辉　谭树生
出版发行：人民卫生出版社（中继线 010-59780011）
地　　址：北京市朝阳区潘家园南里 19 号
邮　　编：100021
E - mail：pmph @ pmph.com
购书热线：010-59787592　010-59787584　010-65264830
印　　刷：北京盛通印刷股份有限公司
经　　销：新华书店
开　　本：889×1194　1/20　　印张：11.5
字　　数：260 千字
版　　次：2016 年 10 月第 1 版　2023 年 12 月第 1 版第 5 次印刷
标准书号：ISBN 978-7-117-23242-5/R·23243
定　　价：49.80 元
打击盗版举报电话：010-59787491　　E-mail：WQ @ pmph.com
（凡属印装质量问题请与本社市场营销中心联系退换）

黄强民

留欧医学博士、主任医师，教授、博士生导师。

1977 年毕业于昆明医学院医疗系，1988 年湖南医科大学骨科硕士，2001 年瑞典 Karolinska 医学研究院博士，现职上海体育学院教授，兼职中国针灸推拿协会副秘书长，中推联合医学研究院中医学术委员会主任委员，上海疼痛康复常委。从医 42 年，发表国内外重要期刊论文 100 余篇，涵盖 SCI 和 CSCI 等核心期刊，主编图书《肌筋膜疼痛触发点的诊断与治疗》《运动损伤与康复》《图解肌筋膜疼痛触发点推拿手法》。曾承担瑞典劳动保护基金、吴阶平科研基金、上海市教委和科委科研基金；国家自然科学基金。曾荣获一项省部级科技进步三等奖，十多项地市级科技进步二、三等奖。曾在三甲医院任过业务院长。擅长：骨科各种疑难疾病及复杂软组织疼痛的诊断与治疗以及手术治疗，并结合骨科康复的现代治疗技术，以综合方法治疗运动系统和神经系统的疼痛以及运动损伤，专门利用肌筋膜疼痛触发点理论治疗各种颈肩腰腿痛和内脏功能紊乱，为此建立了上海沪东医院和上海体育学院上体伤骨科医院黄教授疼痛工作室。

张　辉

　　主任医师、教授、硕士生导师。

　　现任上海市沪东医院院长兼康复中心主任、上海市（复旦大学附属）中西医结合康复医学研究所副所长。擅长脑卒中、脑外伤、脊髓损伤、运动性损伤的中西医结合康复治疗；颈肩腰腿等疼痛性疾病的诊断和治疗。目前主持或承担的课题："十二五"国家科技重大专项一项、国家自然科学基金资助项目一项，上海市科研课题二项；曾获省部级科技成果奖二项，在国内外医学期刊上发表论文二十余篇，参编医学专著两部。

谭树生

　　主任医师，现任广西医科大学附属民族医院、广西壮族自治区民族医院康复医学科主任。

　　担任中华中医药学会整脊分会常务委员；世界手法医学联合会副秘书长、广西国际手法协会副会长；广西中医推拿专业委员会常务委员和广西康复医学会常务理事，广西中医药学会整脊专业委员会副主任委员，广西康复治疗专业委员会副主任委员，广西医师协会康复医师分会常务委员，国家中医药管理局中医药标准化项目《中医整脊科诊疗指南》评审专家委员会委员。参与主编《韦以宗论脊柱亚健康与疾病防治》《肌筋膜疼痛触发点的诊断与治疗》《图解肌筋膜疼痛触发点推拿手法》《运动损伤与康复》专著。获得2013年度广西卫生技术适宜推广奖二等奖。擅长骨骼肌慢性疼痛、脊柱相关疾病的诊断和治疗，颅脑损伤、脑卒中、骨折术后康复诊断和治疗。

前　言

对骨骼肌拉伸的锻炼方法是一门对人体健康有益的技术，一般分为两种方法，一种是由医师或治疗师对患者的骨骼肌进行拉伸的方法，称为骨骼肌拉伸技术；另一种是个体自我对骨骼肌进行拉伸的方法，称为自我拉伸技术。前者针对患者的诊断进行治疗性拉伸；后者针对任何人群，但需要在医师和治疗师的指导下进行，因为不是所有人都对人体知识有过认真的学习。

这本书专门描绘自我拉伸技术，写给那些经常感觉到自己的肢体僵硬、肌肉疼痛或感觉关节不灵活、无力的人，也写给那些喜爱运动的人群和所有的运动员。该书将教你怎样自我处理这种不舒服的感觉，以及怎样避免在运动中受到损伤。在进行这种处理前你需要自问，你经常进行有规律的锻炼吗？或者很少？或几乎没有？你的工作是否繁重、单调或无聊？或很轻松？如果这些问题中你回答任何一个"是"，那么你就需要对你自己的身体进行检测，找到你自己的问题或麻烦，然后再对你的肌肉进行拉伸锻炼。拉伸锻炼之后，无论你属于哪一种类型，你都会觉得舒服了许多。无

论你属于哪一种情况，这本书都非常适合你；因为在你的日常活动中，肌肉起着十分重要的作用。为了很好地发挥作用，它们必须强壮、坚韧和柔韧。

经过多年对各种人群运动损伤的疼痛治疗实践和对疼痛肌肉牵张的研究，我们发现很多早期软组织疼痛都能够通过多种方式对其进行拉伸而得以缓解。经过对多种不同的方法进行比较后发现，拉伸锻炼的疗效取决于你怎样对骨骼肌进行拉伸。但是在拉伸动作中，很容易做出错误的动作反而使肌肉受到损伤，因此还需要研究怎样避免方法错误。在拉伸肌肉或肌肉群时，你必须很清楚地知道自己正在做什么？应该怎样去做？这就是为什么我们需要学习和掌握一些关于肌肉练习的基本知识的原因。练习中需要注意以下几点：

①在安全的起止位置进行。

②在安全的情况下达到最大的拉伸效果。

③确保所有肌肉组织的安全性。

④尽量少地使用仪器设备。

⑤无论何时何地都尽可能进行锻炼。

这些要求看起来很高，而且这种自我拉伸锻炼技术和现今的其他训练方法比起来有一定的难度。但是，经验告诉我们最好的方法是学习一些安全有效的知识，尽管它们学起来有点困难，但比起那些虽然简单但没有治疗效果、甚至有危险的方法要好很多。因此，把自我拉伸训练作为你人生的又一次挑战，会使你的健康得到很大的改善。同时，在治疗大量急慢性骨骼肌疼痛或颈肩腰腿痛的临床工作中，我们发现拉伸骨骼肌的锻炼可以使各种治疗骨骼肌疼痛疗法的疗效更好和更巩固。

这本书介绍了一种安全而且具有很好疗效的自我拉伸肌肉的方法，当你仔细阅读后，可立即进行对自我的检测。如果这些锻炼动作对你来说有点困难，那么你更应当对自己进行拉伸锻炼，也就是说这些拉伸动作对你可以起到很好的治疗作用。如果这些动作对你没有困难，那你也要坚持去做，这样可以起到预防作用，保持你肌肉的柔韧性。同时你应该把肌肉拉伸锻炼看作同刷牙、洗手或其他生活习惯一

样，是你日常生活的一部分。我们想通过这本书帮助你能恰当安全地进行自我检测和肌肉拉伸锻炼，同时可作为疼痛医师或治疗师的疼痛辅助治疗方法，教患者在家中进行自我疼痛治疗。

第1章　认识我们的运动系统

第2章　肌肉拉伸基础

目 录

第 4 章　下肢肌肉的自我拉伸

第 5 章 面颈部肌肉的自我拉伸

第 6 章　躯体肌肉的自我拉伸

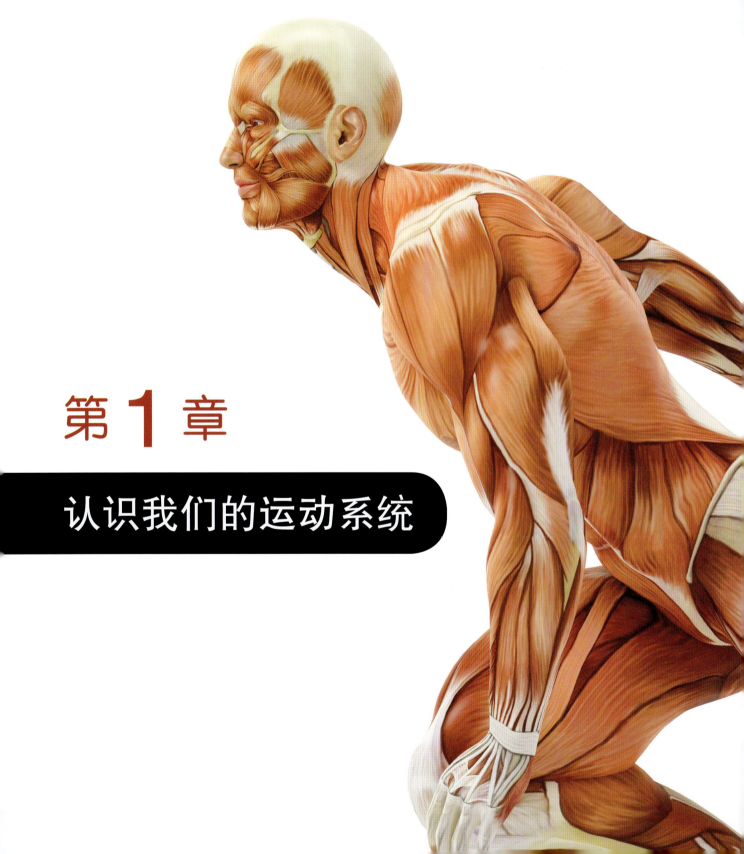

第**1**章

认识我们的运动系统

1. 我们的关节

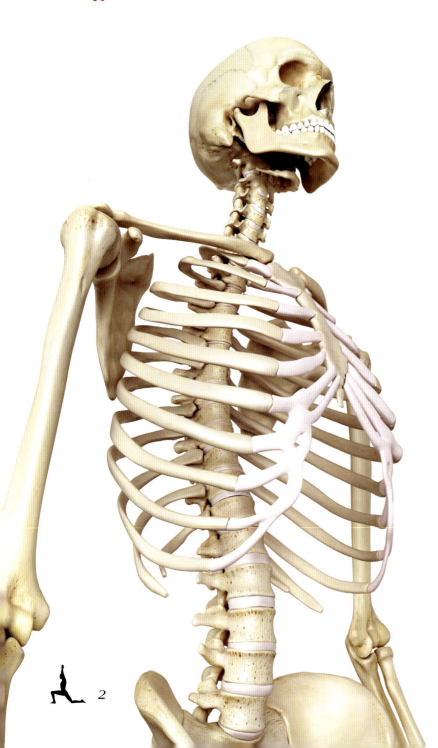

哇，我们居然有这么多的骨头！

我们为什么需要做拉伸锻炼？要回答这个问题，首先你需要了解人体的运动系统，即人体是怎样运动的？

成人共有 206 块骨，解剖学上分为头颅骨、躯干骨、上肢骨、下肢骨四部分。这些骨头不是分离的，而是通过称为关节的解剖结构把它们巧妙地联系起来。

人体大约有 180 个关节，430 条肌肉附着在关节周围，协助人体完成各种动作。

骨、关节和肌肉组成了人体的运动系统。

两根骨头的两端，通过一些软组织将它们连接起来，如关节囊和韧带，就形成了关节。

韧带和关节囊将整个关节包裹于其中，形成一关节腔，其中有关节囊滑膜分泌的滑液，这些滑液起润滑作用，同时营养关节软骨。

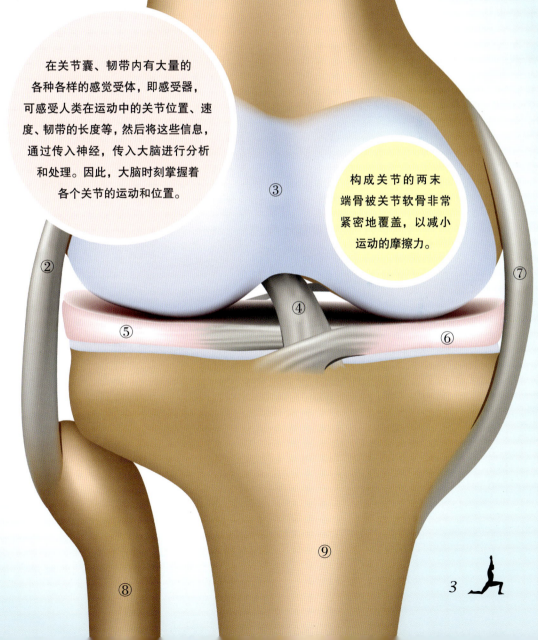

在关节囊、韧带内有大量的各种各样的感觉受体，即感受器，可感受人类在运动中的关节位置、速度、韧带的长度等，然后将这些信息，通过传入神经，传入大脑进行分析和处理。因此，大脑时刻掌握着各个关节的运动和位置。

构成关节的两末端骨被关节软骨非常紧密地覆盖，以减小运动的摩擦力。

①股骨

②外侧韧带

③关节软骨

④前十字韧带

⑤外侧半月板

⑥内侧半月板

⑦内侧韧带

⑧腓骨

⑨胫骨

2. 我们的骨骼肌

一块典型的肌肉，可分为中间部的肌腹和两端的肌腱。肌腹是肌的主体部分，由横纹肌纤维组成的肌束聚集构成，色红，柔软有收缩能力。

运动系统的肌肉细胞放在显微镜下观察，具有横纹（肌纤维），因此属于横纹肌，由于绝大部分附着于骨，故又名骨骼肌。

每块肌肉都是具有一定形态、结构和功能的器官，有丰富的血管、淋巴分布，在躯体神经支配下收缩或放松，进行随意运动。

人体肌肉中，除部分止于皮肤的皮肌和止于关节囊的关节肌外，绝大部分肌肉均起于一骨，止于另一骨，中间跨过一个或几个关节。它们的排列规律是以所跨越关节的运动轴为准，形成与该轴线相交叉的两群互相对抗的肌肉。

肌腱呈索条或扁带状，由平行的胶原纤维束构成，色白，有光泽，但无收缩能力；肌腱附着于骨处的地方与骨膜牢固地编织在一起。

阔肌的肌腹和肌腱都呈膜状，其肌腱叫做腱膜。

肌肉具有一定的弹性，可被拉长。当拉力解除后，又可自动恢复到原来的状态。肌肉的弹性和张力可以减缓外力对人体的冲击。

肌肉内还有感受本身体位和状态的感受器，不断将冲动传入中枢，反射性地保持肌肉的紧张度，以维持体姿和保障运动时的协调。

很多肌肉在功能上都是成组对抗的，通过这种方式，配合完成复杂动作，例如引起前臂弯曲的屈肌群和引起前臂伸直的伸肌群；前臂既可以向躯体侧内旋，也可以外旋。这些围绕某一个运动轴作用相反的两组肌肉叫做拮抗肌（对抗肌），在进行某一运动时，一组肌肉收缩，与其对抗的肌群则适度放松并维持一定的紧张度。两者对立统一，相辅相成。

另外，在完成一个运动时，除了主要的运动肌（原动肌）收缩外，尚需其他肌肉配合共同完成，这些配合原动肌的肌肉叫协同肌。

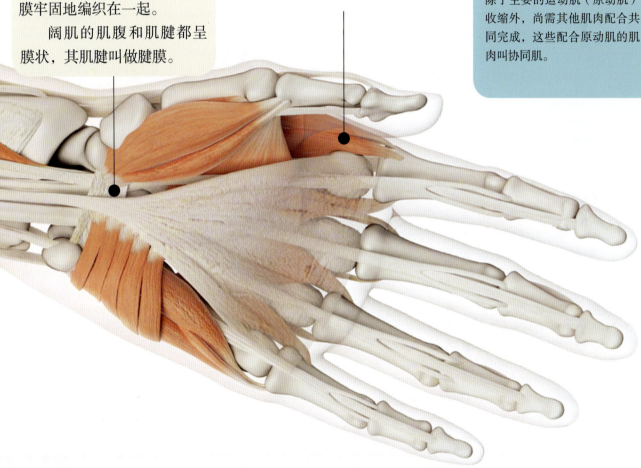

3. 形形色色的骨骼肌

人体的肌肉形态各异,有长肌、短肌、阔肌、轮匝肌等基本类型。

长肌

长肌多见于四肢,主要为梭形或扁带状,肌束的排列与肌的长轴相一致,收缩的幅度大,可产生大幅度的运动,但由于其横截面肌束的数目相对较少,故收缩力也较小。

羽状肌或半羽状肌

一些长肌的肌束斜行排于腱的两侧或一侧,形如鸟羽毛或半侧鸟羽毛,称为羽肌或半羽肌,例如趾长屈肌、趾长伸肌等。这些肌肉其生理横断面肌束的数量大大超过梭形或带形肌,故收缩力较大,但由于肌束短,所以运动的幅度小。

轮匝肌

位于空裂周围,主要由环形肌纤维组成,收缩时关闭裂孔,例如眼轮匝肌、口轮匝肌。

短肌

外形小而短,具有明显的节段性,收缩幅度较小,多见于手、足和脊椎椎体间。

扁肌

宽扁呈薄片状,除具有运动功能外,还能保护内脏,多位于躯干,特别是胸腹壁,例如背阔肌、斜方肌、菱形肌、腹外斜肌、腹内斜肌、腹横肌。

二头肌

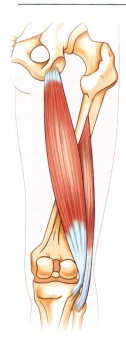

有些长肌起端有两个或两个以上的头,然后合成一个肌腹,称为二头肌、三头肌和四头肌,例如左图所示的股二头肌。

认识我们肌肉

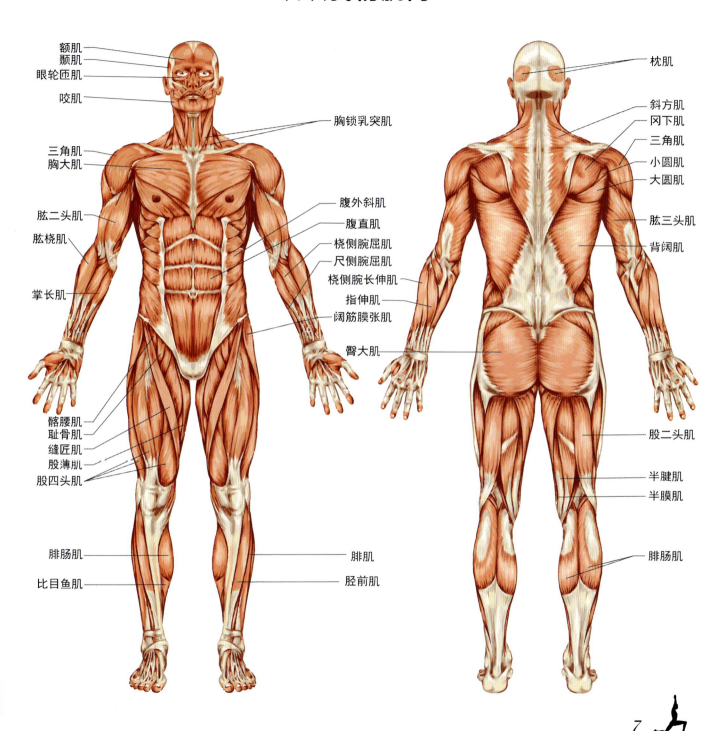

额肌
颞肌
眼轮匝肌
咬肌

三角肌
胸大肌

肱二头肌

肱桡肌

掌长肌

髂腰肌
耻骨肌
缝匠肌
股薄肌
股四头肌

腓肠肌

比目鱼肌

胸锁乳突肌

腹外斜肌
腹直肌
桡侧腕屈肌
尺侧腕屈肌
桡侧腕长伸肌
指伸肌
阔筋膜张肌

臀大肌

腓肌

胫前肌

枕肌

斜方肌
冈下肌
三角肌
小圆肌
大圆肌

肱三头肌

背阔肌

股二头肌

半腱肌
半膜肌

腓肠肌

7

4. 肌肉的血液供应

肌肉内包含了大量的血管和毛细血管。正常情况下，在一块肌肉的横截面上每一平方毫米大约有 3000 根毛细血管被计数。当肌肉不工作时，大多数毛细血管处于关闭状态。当肌肉工作时，它们被开放，肌肉的工作越重，毛细血管开放越多，得到的血流越多；运动单位活动得越多，产出的力越大，肌肉越强壮。

肌纤维的显微结构

一块肌肉由众多细小的肌纤维组成，在肌纤维内包含可以收缩的肌原纤维，这些肌原纤维平行成条被结缔组织膜所包裹，又成束被结缔组织膜包裹，然后又在整块肌肉外面包裹，形成了肌肉的外形，这些包裹的肌膜被称为肌筋膜。

肌肉以两种基本的方式工作：向心和离心工作。

1. 向心工作时，肌肉纤维收缩使肌肉缩短，起点和止点间彼此靠拢。
2. 离心工作时，肌肉纤维收缩但肌肉被拉长，起点和止点间彼此远离。
3. 但是，当肌肉收缩时，肌肉纤维没有拉长和缩短，或没有肌肉长度的改变，被称为等长收缩。

肌肉模型

向心收缩   离心收缩   等张收缩

5. 肌梭和腱器

肌梭

感受运动中肌肉的长度和牵张速度，预测肌肉是否过度牵张，防范肌肉损伤，特别在快速牵张的时候。如果缓慢地牵张肌肉，肌梭就不会产生这种预防作用。因此，我们可以通过缓慢牵张的方法来拉伸或牵张我们的肌肉。

腱器

位于肌腱中，感受骨骼肌的张力变化，是一种本体感受器。本体感受器，就是指通过力学刺激，感受身体状态的感受器。腱器通过神经纤维的传导告知大脑肌肉张力的状况，如果肌肉的张力太高，腱器将这个信号传递给大脑，肌肉停止收缩，促进肌肉放松。

肌肉内有两种感受器监控肌肉和肌腱的受力、长度改变，即肌梭和腱器，以保护肌肉，避免过度运动导致运动性损伤。

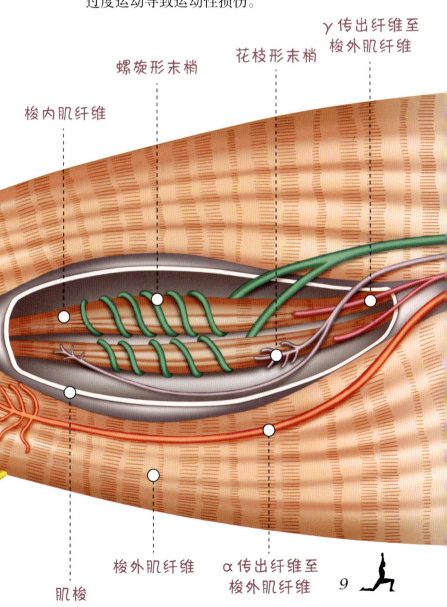

γ 传出纤维至梭外肌纤维

花枝形末梢

螺旋形末梢

梭内肌纤维

腱器

肌腱

感受神经

肌梭

梭外肌纤维

α 传出纤维至梭外肌纤维

9

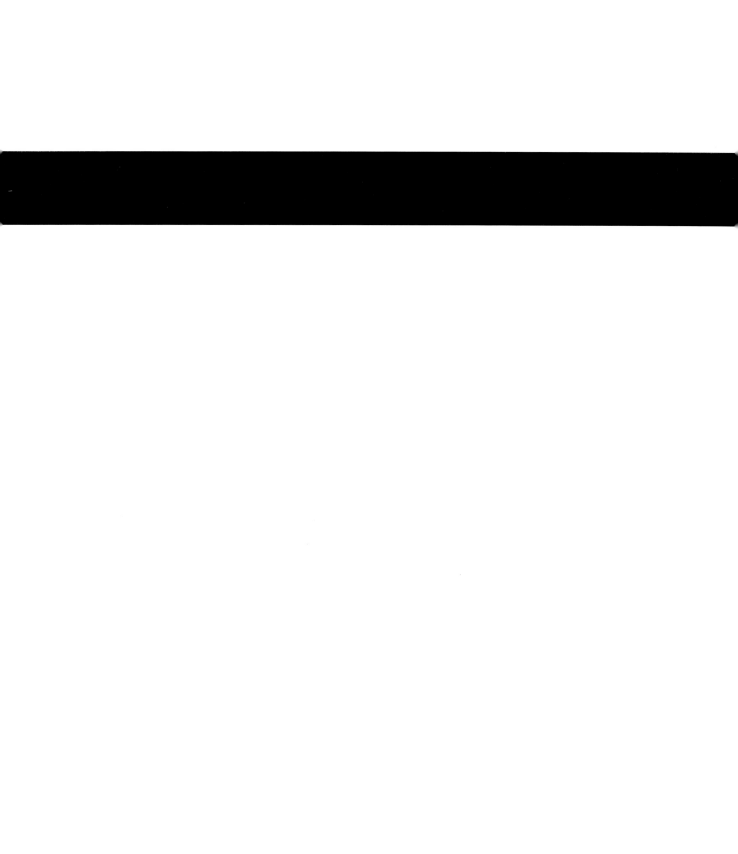

第2章

肌肉拉伸基础

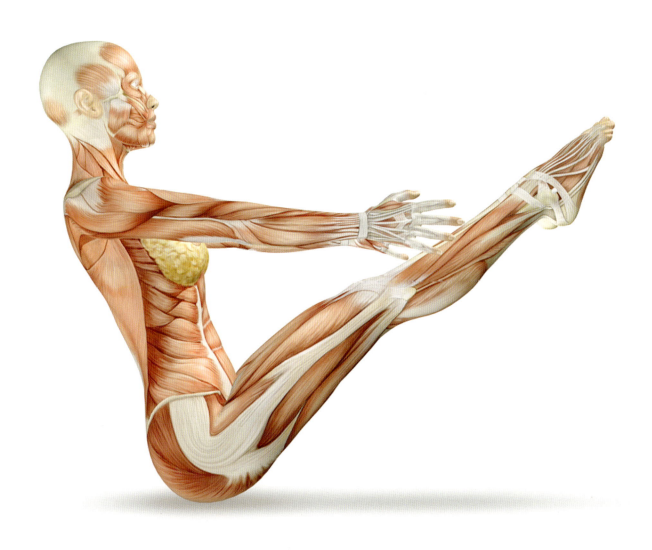

6. 肌肉紧张

很早以前，人们就认识到人体的一些肌肉在处于僵硬状态的同时，另一些处于松弛状态，而且还发现僵硬的肌肉容易受到损伤。

运动员人群出现肌肉僵硬的情况非常常见。一旦这些运动员出现僵硬的肌肉或肌肉群，他们的运动能力在某种程度上就会受到限制，损伤的危险性也将增高。

一些职业，例如教师长时间站立、程序员长时间目视电脑、会计长时间伏案工作等，都会引起身体某个部位的肌肉长时间保持收缩状态，久而久之，引起肌肉僵硬。这些看似是小问题，然而却会让我们面临很多不适，例如颈部肌肉僵硬可引起头晕、头痛、颈后沉重感；肩部肌肉僵硬可引起后背僵直；下肢肌肉僵直可引起下肢水肿、腰部酸胀等。

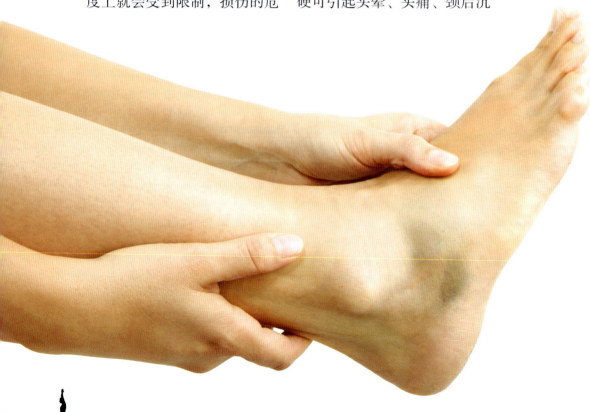

当肌肉进行高强度的工作时，它会很快地收缩、变短。如果工作后肌肉得不到很好的拉伸，它就会停留在挛缩的位置，变得紧张，然后牵拉关节另一侧的肌肉，导致其不能很好地发挥作用。其他的肌肉也会随之减少活动性，甚至造成运动减弱。如果这些变短挛缩的肌肉得不到及时治疗，那么你的运动方式和运动控制模式会发生改变。同时，这也意味着你的关节必须做比以前更难以达到的动作，来完成一项简单的运动。但是，在这种情况下，经过的神经血管还会受到卡压，久之就会出现很多不适。

引起肌肉紧张的常见原因

不正确的姿势

缺乏运动

不协调的动作

一侧负重和区域性用力的运动

重体力工作和高强度的身体锻炼

损伤和疼痛

7. 发现肌肉紧张

如果你坐得太久，就会觉得腰腹部、下肢肌肉僵硬，想要起来走动走动，这是人的一种本能。当肌肉出现挛缩、紧张时，第一个症状就是让你感到肌肉有些僵硬，运动时被"筋"拉住；其他症状包括动作不灵活、易疲劳，运动中极易受伤，甚至休息时也会感到疼痛和活动受限。

通常，你不会注意到那些正在变得越来越僵硬的肌肉。当你学习本节内容后，你会发现全身竟然会有那么多的肌肉处于挛缩状态。

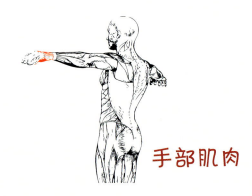

手部肌肉

手部僵硬的肌肉会使手部功能受损，运动能力减弱，以致书写痉挛或者疼痛，症状甚至会放射到肩关节和颈部。此时，你不能像往常一样准确地运用和控制你的手，它会变得不听使唤，严重时甚至手不能再进行任何活动，这对人们尤其是音乐家来说将是极大的灾难。

肩颈部肌肉

颈部和肩关节挛缩的肌肉会引起颈后发沉，肩部不适，头痛，甚至还会波及上肢、手部、胸部和背部，引起手臂和指关节疼痛和麻木，伸肘和屈肘困难，上肢动作显得迟钝和笨拙。

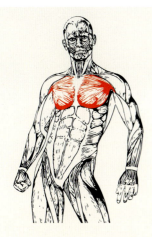

胸背腹部肌肉

　　胸部肌肉僵硬，你会感到心脏部位的疼痛，而且会放射到同侧的上肢（不要误诊为心脏病）。当后背下方肌肉僵硬的时候，会引起整个后背部的疼痛，引起行动困难。侧腹肌挛缩会造成腰臀股部的疼痛，甚至会影响到腹腔内的脏器功能。

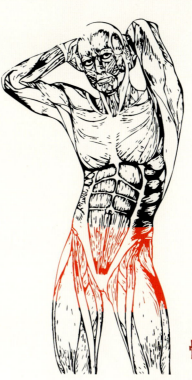

髋部肌肉

　　髋关节周围的肌肉挛缩现象非常常见，它会使你出现髋部疼痛，会引起腹股沟、胃部和背部的疼痛，还会放射到腿部的前后方、膝关节以及整个足部。

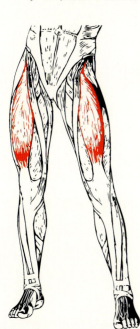

下肢肌肉

　　大腿和足部紧张的肌肉会让你感到局部疼痛，影响你走路的方式，同时会影响你的骨盆、背部和颈部。跛行是腿和足部肌肉挛缩的常见症状。

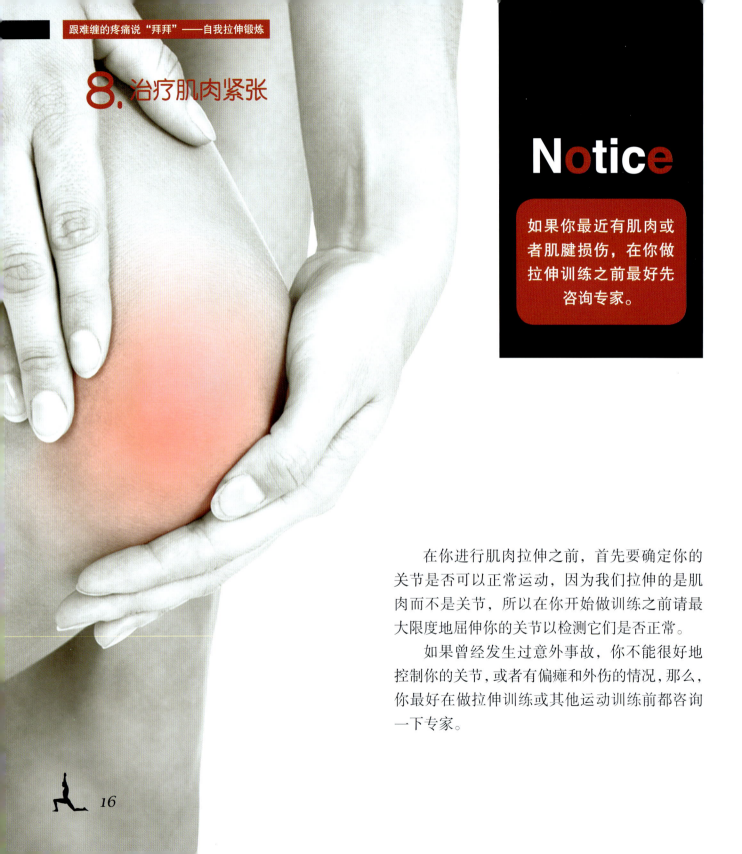

8. 治疗肌肉紧张

Notice

如果你最近有肌肉或者肌腱损伤，在你做拉伸训练之前最好先咨询专家。

在你进行肌肉拉伸之前，首先要确定你的关节是否可以正常运动，因为我们拉伸的是肌肉而不是关节，所以在你开始做训练之前请最大限度地屈伸你的关节以检测它们是否正常。

如果曾经发生过意外事故，你不能很好地控制你的关节，或者有偏瘫和外伤的情况，那么，你最好在做拉伸训练或其他运动训练前都咨询一下专家。

紧张肌肉的自我检查

接下来，你可以在这个标题下，找到阻抗你运动的紧张肌肉的名称。你也可以用手指感受到整块肌肉的形态和肌腱及它们的附属组织；同样，你还能感受到它们是否柔软。然后，你可以按照图中所示，沿着肌纤维走行的方向进行轻柔的推拿。这种轻柔的推拿是一种减轻肌肉疼痛的最好方式，也是你拉伸前的准备动作。但有的动作无法指明是哪一块肌肉，只能说明是哪一个区域功能肌肉紧张。

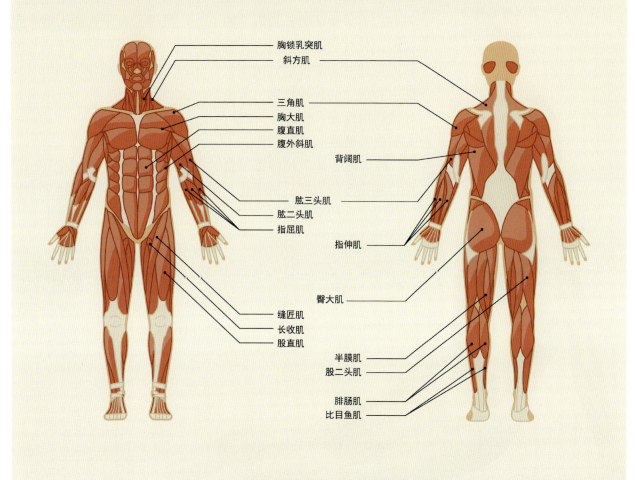

胸锁乳突肌
斜方肌
三角肌
胸大肌
腹直肌
腹外斜肌
背阔肌
肱三头肌
肱二头肌
指屈肌
指伸肌
臀大肌
缝匠肌
长收肌
股直肌
半膜肌
股二头肌
腓肠肌
比目鱼肌

9. 拉伸锻炼的类型

大多数人都可能在体育训练中因运动错误而受伤，训练的强度越大，肌肉受到伤害和僵硬的概率也就越大，那么对肌肉的拉伸就更有必要。

在整个肌肉拉伸技术中，一般分为两种基本的拉伸方法：冲击的拉伸和逐渐的拉伸。

■ 冲击的拉伸

冲击的拉伸是一种高强度快速的拉伸，其主要是为了使身体更好地活动。不过这种练习方式通常被认为是超限度的拉伸，具有危险性，因为在对肌肉拉伸时无法控制该用多大的力和多大的拉伸长度，常会导致肌肉撕裂，或肌腱、韧带、关节囊甚至椎间盘的损伤。

最常见的冲击拉伸练习是保持膝关节伸直然后试图让双手掌心接触地面，但当你以最快的速度和力量做这个动作的时候，你的脊柱很容易受伤。

所以，对于普通人群来说应在专业人员的指导下进行冲击性的拉伸锻炼。

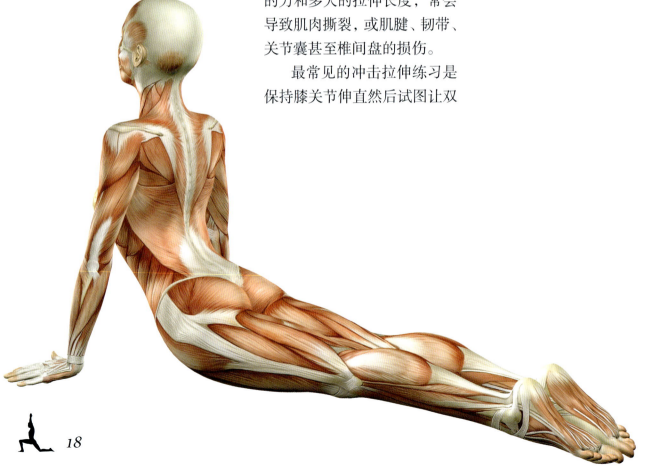

■ 逐渐的拉伸

逐渐的拉伸是一种控制的、逐渐被动的拉伸，是将肌肉先拉紧，然后放松，最后逐渐拉伸。科学家也已经证实这种练习方式比冲击性的拉伸要好得多。本书中所强调的自我拉伸动作就是一种控制的、逐渐拉伸的训练，强调安全性和稳固的拉伸起始位置。

19

10. 肌肉拉伸的益处

肌肉拉伸锻炼技术一般有两种，一种是控制、逐渐地拉伸；另一种是冲击性地拉伸。比较这两种技术，一般认为前者更好更安全。拉伸技术中应用"收缩—松弛—拉伸"的方法对于改善关节运动比其他方法更优越。

一般来说对于单一增加肌肉强度的锻炼常常会造成关节的运动范围减小。许多研究已证实，通过拉伸锻炼可使运动范围增加，这种效果可以保持90 分钟，甚至 24 小时。此外，肌肉强度锻炼 48 小时后，只有 5%~10% 的肌肉可以回到正常的运动范围。如果在强度锻炼中加用拉伸锻炼，则可以在强度训练和竞赛后，马上恢复到正常的运动范围。

骨性髋关节炎的病人，关节活动受到限制，通过对髋关节周围肌肉的拉伸锻炼，髋关节的运动范围也能有明显改善。临床研究证实，无论关节的情况如何，只要能拉长肌肉，提高肌肉的强度和使肌纤维增粗，都能改善关节的活动能力。

11. 肌肉拉伸的效果

⊙ 可预防和缓解酸痛；减轻肌肉和肌腱的损伤，减轻肌肉的痉挛，减轻肌肉张力过高。

⊙ 可减少对肌肉、肌腱、关节损伤的危险性；减轻疲劳和迷走神经疼痛。

⊙ 可强壮肌肉、肌腱，提高做功的强度和治疗肌腱炎。

⊙ 可增大运动范围，增加肌肉的长度、容积和质量。

⊙ 可协助保持身体的形态，促进改善技术，从而使体力活动更愉快。

⊙ 最重要的是可以预防肌肉的僵硬，常作为锻炼和颈肩腰腿痛治疗的补充练习。

12. 肌肉拉伸的准备

设备

　　拉伸练习使用的设备非常简单，因此，你可以在任何地点和任何时间进行拉伸练习。一般来说，你只需要有两种类型的设备就可以进行拉伸练习：一种是用于支持或支撑的设备，如椅子、凳子、桌子等；另一种是用来保护的设备，如垫子、带子等。

　　无论什么时候进行拉伸，你都需要一个好的支持物使起始的位置稳固。有时，身体的部位会承受一定的压力，所以必须用一定舒适的填充物或柔软的垫子来进行保护。尤其是膝关节，在没有保护的情况下，不要在上面负重。记住不要在锻炼中受伤。

起始位置

　　有效和安全的拉伸取决于正确的起始位置。本书中均用文字和图片进行了详细的描述，确保你训练的安全。

　　注意图示中箭头的位置，然后按照具体的说明来操作。努力做到起始位置正确。颈部和骨盆牵张的起始位置尤为重要。总之，有正确的起始位置，才能做到有效的拉伸锻炼。

注意要点

　　　每个练习在身体的左侧或右侧都可以进行，但书中描述的主要是右侧的练习，强调的是极个别的练习可能是左侧。如果你想在左侧进行，把对应书中文字和图示的"右侧"换成左侧即可，因为左侧的拉伸动作和右侧的拉伸动作除了方向不同，其他都是相同的。通过每个章节前拉伸一览表，你可以根据部位查找你的麻烦或困扰所在，以及需要拉伸的动作要领。

13. 肌肉拉伸的动作

每一个拉伸动作都被分成四个部分，不同部分具有特殊意义，其顺序也非常重要。

1 找到你想要拉伸的那块肌肉或肌肉群（这些肌肉和肌肉群被称为主动肌），检测它们是否紧张，对照图片以确定紧张肌肉的正确位置。

2 肌肉拉伸锻炼的准备工作：当你找到主动肌时，把它拉紧，然后保持5秒钟不要移动。这样可以使肌肉预热，以准备拉伸。不要用太大的力量，只要感到拉紧即行。

3 在做具体的拉伸动作前，先让你的肌肉放松几秒钟，然后逐渐地进行初拉伸，使肌肉拉长，逐渐地改变肌肉的初始位置，刚好与它们在正常工作状态下的位置相反。你也可以用眼睛和呼吸校准训练的准确度，以使练习更加容易和有效。

4 适度地、慢慢地、逐渐地进行拉伸。在上面的第2条和第3条中对此都有叙述。这里你应该确定的是，你的拉伸和你想要拉伸的肌肉是否处在一个很好的状态，即使你曾经受到损伤（按照图示进行校对）。如果你感到疼痛或者疼痛处在错误的位置，那么就立刻停止练习。如果你感觉很好，坚持15秒钟至1分钟不要移动和摇晃，或者根据需要可以更长时间。坚持进行拉伸直到你觉得肌肉得到真正的改进（并不要求每次拉伸都一定达到正常的位置状态），尽量缓慢柔和地进行，而不是急于快速达到目的，每天一点或每天多次直到明显改善。

刺激拮抗剂

　　当你拉伸主动肌时，在关节的另一侧会有作用力相反的肌肉，称为拮抗肌。如果你的肌肉僵硬已经持续了很久，那么这些拮抗肌或者说是与其作用力相反的肌肉就不可能很好地工作。它们便会形成阻碍，甚至失去应有的工作能力，所以对这些肌肉要进行刺激，使它们恢复到正常的功能。这一点非常重要。像前述的方法一样，要同时拉伸你的拮抗肌。如果拮抗肌的力量也很弱，那么你需要对它们也进行拉伸。

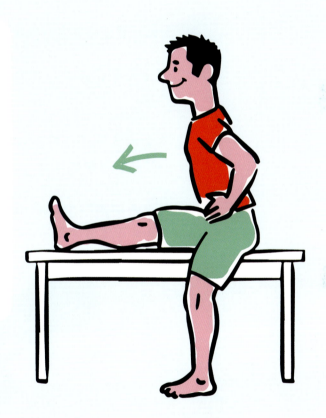

14. 正确拉伸

自我拉伸的原则

①起始位置必须安全和稳定。

②必须考虑骨骼肌和骨骼肌群的真正功能。

③整个的练习必须在可控制范围之内和能达到预期的效果。

④肌肉和肌肉群必须被拉伸到尽可能达到的正常活动范围。

这些重要的原则可以保证你在做自我拉伸时的有效性和安全性。自我拉伸可以使你获得更舒适的活动，不会引起任何保护性反应，而且也不会因为你过度用力而造成肌肉的撕裂，因为这种拉伸是缓慢的、柔和的。

正确地拉伸，可以防止由于肌肉紧张造成的僵硬和不适感。

15. 运动前后拉伸可以预防损伤

所有自我拉伸的目的都是要提高肌肉的柔韧性和弹性，所以在任何活动之前你都必须要通过拉伸检测肌肉的感觉，然后你会注意到它们很紧张，会表现出疼痛，特别是酸胀痛。疼痛是信号，所以要小心，一旦活动强度太大，运动系统都极易受到损害。

自我拉伸作为一种对骨骼肌的拉伸锻炼技术，应被当作一项运动训练项目，作为训练或竞赛后的后续处理环节，使你挛缩的肌肉通过拉伸来恢复正常。如果你长时间没有运动，那么就需要对你的肌肉进行拉伸并坚持几个月，以更好地恢复你的运动系统的功能。

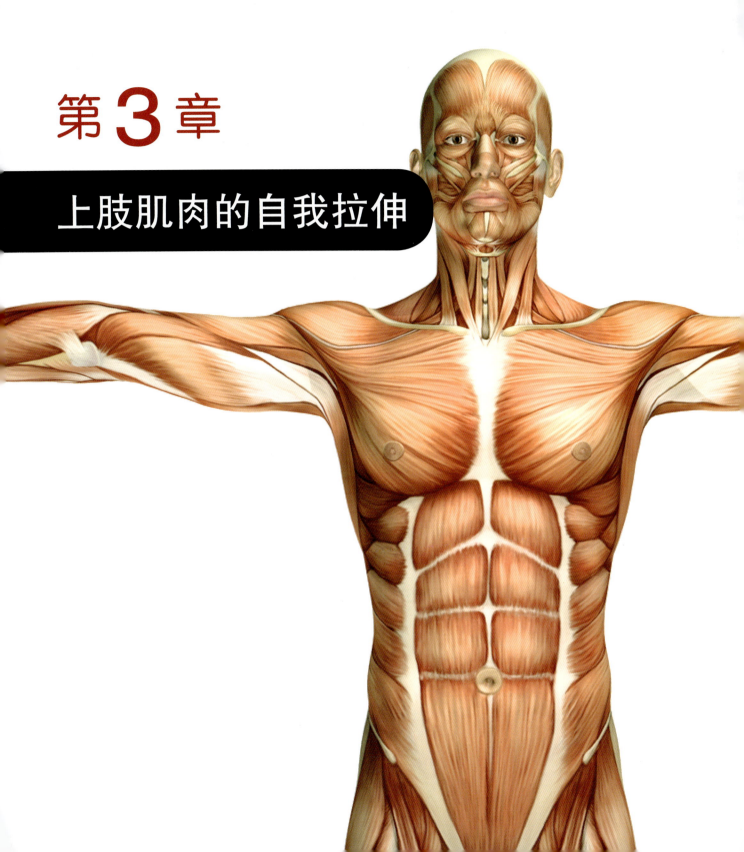

第**3**章

上肢肌肉的自我拉伸

每个练习在身体的左侧或右侧都可以进行，书中描述的仅是在右侧的练习（极个别在左侧），如果你想在左侧进行，那么就应该把书中文字和图示的“右侧”都换成左侧。

通过下表，可根据部位查找你的麻烦所在。

部位	存在问题（自我诊断）	页数
肩关节	1. 双臂上举翻向头部后上方，在背部后方上下移动，肌肉出现较大张力或肩前区出现疼痛。或者双臂上举，上臂不能与耳朵平齐。	32
	2. 站立位或坐位，躯干挺直，双臂上举靠近耳朵，然后掌心向前时困难，向前旋疼痛。	34
	3. 伸直手臂上举，手掌通过头后难以摸到对侧肩胛骨。	36
	4. 手臂向后伸直，在背部屈肘，手指不能摸到对侧肩胛骨下方。	38
	5. 双肩关节上耸，接触耳部时困难。	40
	6. 上臂向后上方后伸困难。	42
	7. 站立位，双手上抬平肩，做扩胸运动困难。	44
	8. 屈肘，上臂贴近身体的内侧，然后向外旋前臂困难。	46
	9. 站立位或坐位，屈曲肘关节使上臂接触耳朵时困难。	48
	10. 站立位或坐位不动，使头偏向一侧肩部，侧屈活动范围变小。	50
	11. 站立位或坐位，头向一侧水平旋转，再使下巴靠近锁骨困难。	52
肘关节	1. 屈曲肘关节困难。	54
	2. 伸直肘关节，使前臂向内翻转到极限位置困难。	56
	3. 肘关节伸直，屈腕向内旋困难。	58
	4. 肘伸直，前臂向内旋，握紧拳头，屈腕关节困难。	60
	5. 腕关节背伸，保持肘伸直，前臂向外旋困难。	62
	6. 屈肘关节，前臂外旋或伸肘，前臂外旋时困难。	64
	7. 屈曲肘关节，前臂向内旋困难。	66
腕关节	1. 拇指屈曲，前臂内旋，屈曲腕关节，掌心向前困难。	68
	2. 伸直拇指，前臂外旋，伸肘部和手腕向后背伸时困难。	70

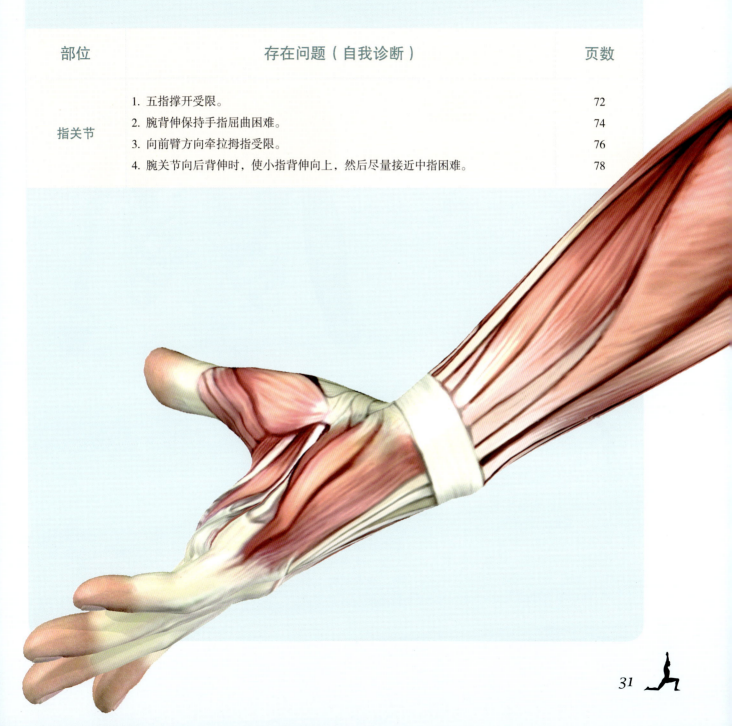

第1节　肩关节自我拉伸

1

肩关节自我拉伸-1

◎ 紧张的肌肉

1. 胸大肌
2. 胸小肌
3. 肱二头肌
4. 三角肌
5. 锁骨下肌
6. 喙肱肌

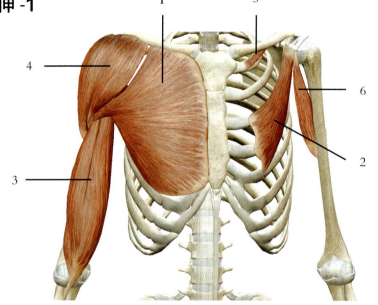

 你的不适

肩前、胸前疼痛不适，有时出现胸闷、乳房区域胀痛。多见于长时间使用电脑、伏案工作人员，或喜爱羽毛球、网球等运动的人员。

 自我检查

双臂上举翻向头部后上方，在背部后方上下移动，肌肉出现较大张力或肩前区出现疼痛。或者双臂上举，上臂不能与耳朵平齐。

 准备设备

* 凳子。
* 带子或绳子或毛巾。
* 杆子或类似之物。

　　坐于独凳上或采取站立位，上身稍向前倾斜，使背的下方挺直，下巴微向后收，头部放松，掌心向前，双臂上举，双手抓紧一无弹性的宽带，保持一定分开的距离，使双臂在头顶和背部上下移动，保持肘部伸直。

起始位

◎ 拉伸方法

※ 当手臂举到后上方，向后下画圈时，双手尽量靠拢躯干，可感到胸部和肩部的肌肉被拉伸。

※ 手臂伸直向外拉，不移动手的位置坚持5秒。

※ 放松；尽量使双臂向上和后方伸直达到极限，尽可能会超越一点极限。

※ 重复上述动作直到感觉不能再进一步拉伸，并且感到肌肉紧张为止，保持最后的拉伸动作15秒到1分钟，甚至更长的时间。

拉伸位

☀ 拉伸要求

1. 一般以拉伸3~4周为一疗程，每天2次，每次5组练习。
2. 紧握着绳子不要向前拉，控制上肢在身后的后方和下方移动。

☀ 常见错误

下巴前伸；背部屈曲；肘部不直。

☀ 温馨提示

注意双手拉紧带子的距离，每一次拉伸后缩短双手的距离。它们的距离越近，双臂移动的幅度就越大。

☀ 拉伸效果检测

双臂上举，能轻松与耳朵持平。
如果双臂上举疼痛明显，需要到医生或康复治疗师处就诊。

特别提醒

肩关节自我拉伸 -2

2

◎ 紧张的肌肉

1. 背阔肌
2. 大圆肌

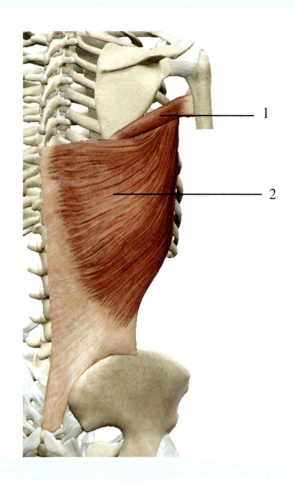

1

2

 你的不适

腰背部酸胀，尤其感觉肩后酸胀不适，抬举沉重无力。常见于从事弯腰搬物或向上举物的工作人员，或排球运动人员。

 自我检查

站立位或坐位，躯干挺直，双臂上举靠近耳朵，然后掌心向前时困难，向前旋转疼痛。

 准备设备

* 墙壁。
* 椅子。
* 其他合适的支持物。

1. 面对墙站立，一脚在前，下颌内收，双上肢分开，掌心对墙，手指尽量向上和向外伸开，手臂伸直，上身向前倾斜，下腹内收。

起始位

2. 或双膝跪下（骶椎保持在两腿中央），躯干屈曲 90°，双手向前抓住椅子。

起始位

◎ 拉伸方法

※ 朝墙的方向下压胸部，会感到肩部被拉伸。保持 5 秒钟后，放松。注意尽可能地使胸部和肩膀接近墙。

拉伸位

※ 双膝下跪位：尽量让躯干向下压，感到肩部被拉伸。

※ 重复上述动作直到感觉不能再进一步拉伸，并且感到肌肉紧张为止，保持最后的拉伸动作 15 秒到 1 分钟，甚至更长的时间。

拉伸位

☀ 拉伸要求

一般以拉伸 3~4 周为一疗程，每天 2 次，每次 5 组练习。

☀ 常见错误

下巴向前；后背屈曲，肘关节屈曲。

☀ 拉伸效果检测

站立位或坐位，躯干挺直，双臂上举靠近耳朵，然后掌心向前旋无疼痛。

特别提醒

3

肩关节自我拉伸 -3

◎ 紧张的肌肉

肩后的肌肉：
1. 三角肌
2. 小圆肌
3. 冈下肌

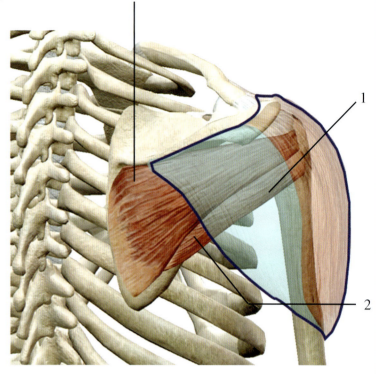

 你的不适

 自我检查

 准备设备

　　手上举到高处拿东西肩部出现疼痛。常见于50岁左右的中年人，或老年人。

　　伸直手臂上举，手掌通过头后难以摸到对侧肩胛骨。

* 门框。
* 其他类似支持物。

◎ **起始位置**

　　左手握住右手的手腕部，双臂向上置于头后部，右侧的上臂尽量靠近右耳部。或者使右上臂和身体的右侧抵着门框，右肘部向后。

起始位

◎ **拉伸方法**

※ 左手拉住右前臂向左侧移动，右侧肩部可感到被拉伸。

※ 握紧腕关节，上臂抵着头部后向后拉右前臂，保持5秒钟。

※ 放松；然后用左手拉着右前臂尽量向左达到极限，或者稍超过极限范围。

※ 重复上述动作直到感觉不能再进一步拉伸，并且感到肌肉紧张为止，保持最后的拉伸动作15秒到1分钟，甚至更长的时间。

拉伸位

❋ **拉伸要求**

一般以拉伸3~4周为一疗程，每天2次，每次5组练习。

❋ **常见错误**

身体向一边侧弯，右肘向前方拉。

❋ **拉伸效果检测**

伸直手臂上举，手掌通过头后可以摸到对侧肩胛骨。如果上举手臂疼痛明显，需要到医生或康复治疗师处就诊。

特别提醒

4

肩关节自我拉伸 -4

◉ **紧张的肌肉**

肩部或前胸部的肌肉：

1. 三角肌前部
   （锁骨部肌肉）
2. 三角肌中部
   （肩峰部肌肉）
3. 小圆肌
4. 冈下肌
5. 胸大肌
6. 冈上肌

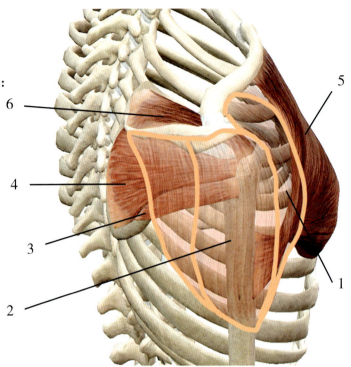

 你的不适

肩前区疼痛，不能后伸取物。常见于中老年人，或排球、羽毛球、棒球等运动的爱好者。

 自我检查

手臂向后伸直，在背部屈肘，手指不能摸到对侧肩胛骨下方。

 准备设备

* 有或无椅子。

　　站立位或者坐位，双手背在后方，用左手抓握住右手的腕关节。

起始位

◎ 拉伸方法

※ 用左手拉着右臂向后左方移动，可感到右侧肩膀被拉伸。

※ 保持抓握，然后使右上臂紧靠着身体，右前臂向后方拉伸，保持 5 秒钟不动。

※ 放松；左手拉着右臂，尽量向左后方移动达到极限，甚至是稍微超过极限。

※ 重复上述动作直到感觉不能再进一步拉伸，并且感到肌肉紧张为止，保持最后的拉伸动作 15 秒到 1 分钟，甚至更长的时间。

拉伸位

☀ 拉伸要求

一般以拉伸 3~4 周为一疗程，每天 2 次，每次 5 组练习。

☀ 常见错误

身体向一方侧弯；肘部伸直。

☀ 拉伸效果检测

手臂向后伸直，在背部屈肘，手指能摸到对侧肩胛骨下方。如果手臂疼痛明显，需要到医生或康复治疗师处就诊。

 特别提醒

5

肩关节自我拉伸 -5

◎ 紧张的肌肉

肩关节周围肌：

1. 上斜方肌
2. 冈上肌
3. 中三角肌
4. 锁骨下肌
5. 胸小肌

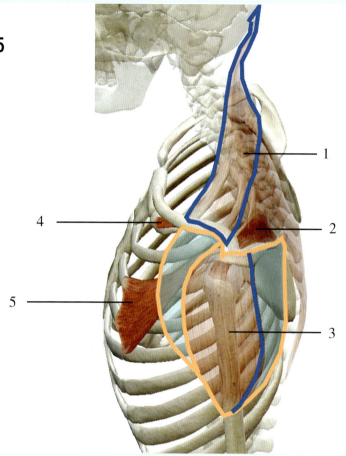

 你的不适

 自我检查

 准备设备

颈肩部僵硬，酸累，多见于长时间使用电脑或从事会计行业的人员。

双肩关节上耸，接触耳部时困难。

＊ 有扶手的椅子，桌子或者其他比手部位置低（当你站立时，手臂自然放下伸直的位置）的支持物。

　　背对着椅子或桌子站立，伸直颈部，下颌向后微收，双脚保持和桌子有一脚或半个脚宽的距离，双手分开与肩同宽，抓握着椅子扶手或桌子，保持手臂伸直。

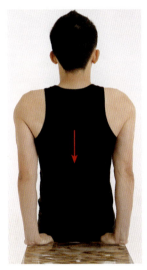

起始位

◎ 拉伸方法

※ 用手撑着身体并降低身体的高度，使背部向下移动，直到感到肩部被拉伸。

※ 拉紧肩部的肌肉使身体有向上运动的趋势，保持5秒钟后放松。

※ 重复上述动作直到感觉不能再进一步拉伸，并且感到肌肉紧张为止，保持最后的拉伸动作15秒到1分钟，甚至更长的时间。

拉伸位

☀ **拉伸要求**

1. 一般以拉伸3~4周为一疗程，每天2次，每次5组练习。
2. 尽可能地上抬肩部使其接近耳部。

☀ **常见错误**

肘关节屈曲；背部弯曲；头向前倾斜；下巴向前伸。

☀ **拉伸后效果检测**

能耸肩，可使肩膀抬向耳垂部或更高的位置。

特别提醒

41

肩关节自我拉伸 -6

6

◎ 紧张的肌肉

上肢，肩部和胸部的肌肉：
1. 前锯肌
2. 前三角肌
3. 胸大肌
4. 肩胛下肌

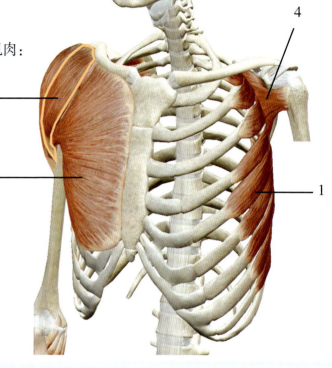

 你的不适

 自我检查

 准备设备

肩前部或上臂疼痛，常伴有胸前区不适，胸闷，气短。常见于中老年人，以及缺乏锻炼的人群。

上臂向后上方后伸困难。

＊桌子或其他支持物，当站立手臂向下伸直刚好能接触支持物的高度。

　　背对着椅子或桌子站立，伸直颈部，下颌向后微收，双脚保持和桌子有一脚或半个脚宽的距离，双手分开与肩同宽，抓握着椅子扶手或桌子，保持手臂伸直。

起始位

◎ 拉伸方法

※ 降低身体的高度，不要向前屈曲，膝关节和肘关节屈曲，直到感到肩下部和胸部的肌肉被拉伸。

※ 拉紧这些肌肉，使身体有向上运动的趋势，保持5秒钟。

※ 放松；屈曲膝关节和肘关节，以降低身体达到极限，或稍超过一点极限。

※ 重复上述动作直到感觉不能再进一步拉伸，并且感到肌肉紧张为止，保持最后的拉伸动作15秒到1分钟，甚至更长的时间。

拉伸位

☀ 拉伸要求

1. 一般以拉伸3~4周为一疗程，每天2次，每次5组练习。
2. 移动屈曲的肘关节向后上达到极限。

☀ 常见错误

肘伸直，没有达到肩关节的宽度。身体向前屈曲。
下颌向前伸。

☀ 拉伸效果检测

保持肘部伸直，移动上臂能向后和向上可以达到45°以上水平的位置。

特别提醒

7

肩关节自我拉伸 -7

◎ 紧张的肌肉

上肢,肩部和前胸部的肌肉:

1. 肱二头肌长头和短头
2. 前三角肌
3. 喙肱肌
4. 胸大肌

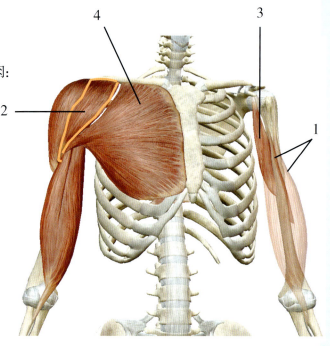

 你的不适

肩前部或上臂疼痛,用手向身后拿取东西困难,需要转身才能完成。常见于中老年人,或排球、羽毛球、游泳等运动爱好者。

 自我检查

站立位,双手上抬平肩,做扩胸运动困难。

 准备设备

* 门框或者相似的垂直支持物。

◎ 起始位置

　　站立位，左臂向旁侧外展伸直平肩高，掌心向前，抓住门框。

起始位

◎ 拉伸方法

※ 使身体的上部向右转以致能感到上臂的前部，胸部和肩部的肌肉被拉伸。

※ 拉伸这些肌肉，使前臂有向前运动的趋势，保持 5 秒钟。

※ 放松；向右侧扭转上身达到极限，或者稍微超过一点极限。

※ 重复上述动作直到感觉不能再进一步拉伸，并且感到肌肉紧张为止，保持最后的拉伸动作 15 秒到 1 分钟，甚至更长的时间。

拉伸位

☀ 拉伸要求

1. 一般以拉伸 3~4 周为一疗程，每天 2 次，每次 5 组练习。
2. 在门框边自由站立，上半身不要向左移动，左臂向后方伸展平移。

☀ 常见错误

腕关节和肘关节屈曲；上臂没有向外伸展；后背前屈。

☀ 拉伸后效果检测

站立位，双手上抬平肩，做扩胸运动无障碍。

特别提醒

8

肩关节自我拉伸 -8

◎ **紧张的肌肉**

肩胛骨前壁的肌肉：
1. 肩胛下肌

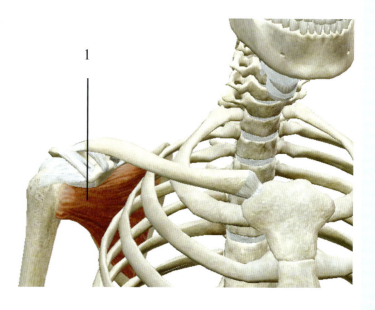

1

 你的不适

    肩前疼痛，严重者不能向患侧侧睡，外旋上臂疼痛加重，即俗话说的"冻结肩"。常见于中老年人。

 自我检查

    屈肘，上臂贴近身体的内侧，然后向外旋前臂困难。

 准备设备

    * 门框，桌角或者类似的支持物。

　　面朝着门站立，使右肘关节位于髋关节的前方，上臂贴近身体，屈曲肘关节，前臂和地面平行，使右手和腕关节抵抗门框的边缘，下颌向内微收。

起始位

◎ 拉伸方法

※ 身体向左转（相对于门框来说），可感到肩部下方的肌肉被拉伸。

※ 拉紧这些肌肉，使上臂有向内运动的趋势，坚持5秒钟。

※ 放松；使身体尽量向左转达到极限，或者稍微超过一点极限。

※ 重复上述动作直到感觉不能再进一步拉伸，并且感到肌肉紧张为止，保持最后的拉伸动作15秒到1分钟，甚至更长的时间。

拉伸位

☀ 拉伸要求

1. 一般以拉伸3~4周为一疗程，每天2次，每次5组练习。
2. 肘关节在身体的一侧，前臂始终保持与地面平行，使前臂向外伸展达到极限。

☀ 常见错误

下巴向前伸；上臂没有贴近身体；肘关节伸直；背部的下方前屈；身体前屈。

☀ 拉伸效果检测

屈肘，上臂贴近身体的内侧，然后向外旋前臂可以达到70°~90°。

建议此类患者到医生或康复治疗师处诊断明确，医疗措施干预，配合自我拉伸锻炼。

特别提醒

47

9

肩关节自我拉伸 -9

◎ **紧张的肌肉**

上臂后部周围的肌肉：
1. 肱三头肌长头

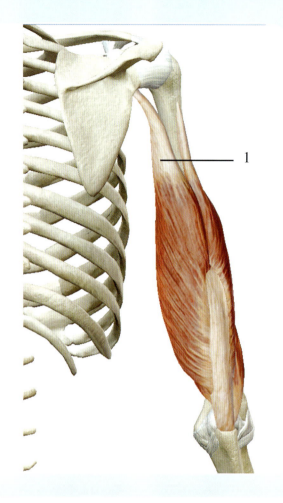

1

 你的不适

肩后部酸重，肘关节外侧疼痛。常见于羽毛球爱好者，反手接球使不上劲。

 自我检查

站立位或坐位，屈曲肘关节使上臂接触耳朵时困难。

 准备设备

* 绷带，绳索，毛巾或者类似物；
* 椅子或者可以坐的设备。

直立或者坐在椅子上，右手抓着带子，屈曲肘关节，抬起右臂置于头后，在后背部向下拉带子，左手抓紧带子下部。

起始位

※ 左手向下拉带子，感到右臂后部的肌肉被拉伸。

※ 抵抗有伸直趋势的右侧肘部5秒钟。

※ 放松；然后向下拉带子达到极限，或者稍微超过一点极限。

※ 重复上述动作直到感觉不能再进一步拉伸，并且感到肌肉紧张为止，保持最后的拉伸动作15秒到1分钟，甚至更长的时间。

拉伸位

☀ **拉伸要求**

1. 一般以拉伸3~4周为一疗程，每天2次，每次5组练习。
2. 尽可能地屈曲右肘。

☀ **常见错误**

右上臂没有接触耳朵；身体向后或一侧屈曲；头向前屈。

☀ **拉伸效果检测**

上臂接触耳朵，肘部可以屈曲，手指可以摸到对侧肩胛。

特别提醒

10

肩关节自我拉伸 -10

◎ 紧张的肌肉

肩部或颈部侧方的肌肉：
1. 上斜方肌
2. 前斜角肌
3. 后斜角肌
4. 胸锁乳突肌

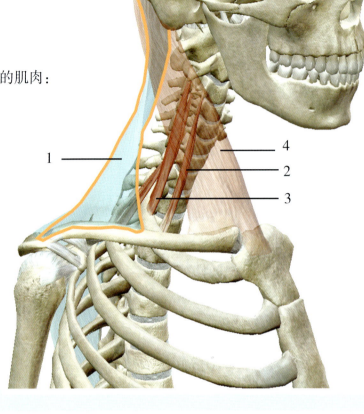

 你的不适

 自我检查

 准备设备

常见手麻，手无力，颈肩部酸累胀，或伴有头晕，睡眠不好。

站立位或坐位不动，使头偏向一侧肩部，侧屈活动范围变小。

* 四方凳子。

◎ 起始位置

坐位，后背伸直，头伸直，然后头稍向右侧扭转，向前方低下头，使头或者颈部向左侧靠近以达到极限。把左手放在头右侧的耳部，右手在右髋部的位置抓紧座位下方。

起始位

◎ 拉伸方法

※ 保持上半身伸直，头尽量向左边靠，右肩向下压，感到颈部的右侧被拉伸。

※ 保持抓握和右侧颈部肌肉紧张的状态，使右肩部有向上运动的趋势，坚持 5 秒钟。

※ 放松；然后头尽量向左边靠，以达到极限，或者稍微超过一点极限。

※ 重复上述动作直到感觉不能再进一步拉伸，并且感到肌肉紧张为止，保持最后的拉伸动作 15 秒到 1 分钟，甚至更长的时间。

拉伸位

☀ 拉伸要求

1. 一般以拉伸 3~4 周为一疗程，每天 2 次，每次 5 组练习。
2. 拉伸位保持头部位置，头或颈部向左屈，左手拉住左额颞部。
3. 移动右肩和手臂尽量向下，不要使身体向右屈。

☀ 常见错误

错误转向和身体一侧屈曲；右手没抓握牢固；头部没尽量向左靠近。

☀ 温馨提示

1. 在这个训练中，头或者颈部稍微向后伸，那么会感到更多的肌肉被拉伸。
2. 如果这个练习使拉伸侧的肩部感到疼痛，接着麻木，那么应该让治疗师检查，此时的动作是否正确。

☀ 拉伸后效果检测

站立位或坐位不动，使头偏向一侧肩部，侧屈活动范围增大。建议此类患者先到医生或康复治疗师处诊断明确，再自我拉伸锻炼。

特别提醒

51

11

肩关节自我拉伸-11

◉ 紧张的肌肉

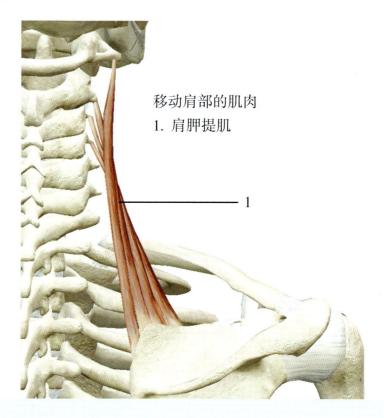

移动肩部的肌肉
1. 肩胛提肌

1

 你的不适

 自我检查

 准备设备

　　颈肩背部酸痛不适，易落枕，常见于低头族。

　　站立位或坐位，头向一侧水平旋转，再使下巴靠近锁骨困难。

＊ 四方凳或木椅。

◎ 起始位置

　　坐位，保持后背伸直，头伸直，头部向前屈曲，然后使头向左侧转，把左手放在头的右后侧面，在右侧髋关节后侧的位置，用右手抓握椅子座位下方。

起始位

◎ 拉伸方法

※ 上半身尽量向左侧或稍靠后方，右颈部向下，使肩部肌肉被拉伸。

※ 保持肌肉紧张的状态，使右肩有向上运动的趋势，坚持 5 秒钟。

※ 放松；尽量使上半身向左前方靠，以达到极限，或者稍微超一点极限。

※ 重复上述动作直到感觉不能再进一步拉伸，并且感到肌肉紧张为止，保持最后的拉伸动作 15 秒到 1 分钟，甚至更长的时间。

拉伸位

☀ 拉伸要求

1. 一般以拉伸 3~4 周为一疗程，每天 2 次，每次 5 组练习。
2. 头低向前，然后左转，左手放在后侧部进行对抗。
3. 右肩和手臂向下和后方移动以达到极限，身体不要向右侧屈。

☀ 常见错误

头没有向前低到足够远的程度；右手没有抓握牢固或是位置太靠前；后背没有伸直。

☀ 温馨提示

如果这个练习使拉伸侧的肩部感到疼痛，接着麻木，那么应该让治疗师检查此时的动作是否正确。

☀ 拉伸后效果检测

站立位或坐位，头向一侧水平旋转，能使下巴靠近锁骨。如果颈肩背疼痛明显，需要到医生或康复治疗师处就诊。

特别提醒

第 2 节　肘关节自我拉伸

12

肘关节自我拉伸 -1

◎ 紧张的肌肉

伸直肘部的肌肉：
1. 肱三头肌内侧头
2. 肱三头肌外侧头
3. 肘肌

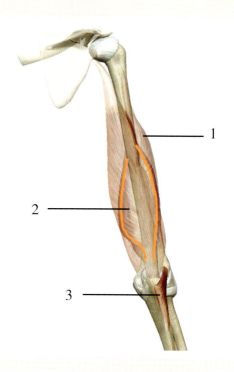

 你的不适

 自我检查

 准备设备

　　肘关节外侧疼痛，手臂无力。常见于使用锤子、屈肘用力工作的人员，或羽毛球运动爱好者。

　　屈曲肘关节困难。

　　* 桌子或者类似的支持物。

面朝桌子或面朝墙直立，下颌内收，上半身尽量向前靠，使前臂保持与肩同宽的距离分开平行放在桌面上。

起始位

◎ **拉伸方法**

※ 使身体在桌面上方或面朝墙尽量向前倾斜，以致感到上臂后侧的肌肉被拉伸。

※ 通过前臂向下按压桌子或向前按压墙壁拉紧这些肌肉，保持5秒钟。

※ 放松；然后尽量在桌子上方屈曲躯干或头部顶住墙壁以达到极限，甚至可稍微超过一点极限。

※ 重复上述动作直到感觉不能再进一步拉伸，并且感到肌肉紧张为止，保持最后的拉伸动作15秒到1分钟，甚至更长的时间。

拉伸位

☀ **拉伸要求**

一般以拉伸3~4周为一疗程，每天2次，每次5组练习。

☀ **常见错误**

下巴向前突；后背前屈。

☀ **温馨提示**

1. 还可以使双臂对着墙做，或一次只用一只手臂对着门做。
2. 肘必须屈曲，直到前臂与上臂几乎平行，或前臂被上臂的肌肉所阻止停下来。

☀ **拉伸后效果检测**

肘关节屈曲，握拳手可触碰到肩前。

特别提醒

13 肘关节自我拉伸-2

◎ 紧张的肌肉

屈曲肘部的肌肉：

1. 肱桡肌
2. 旋后肌
3. 肱肌

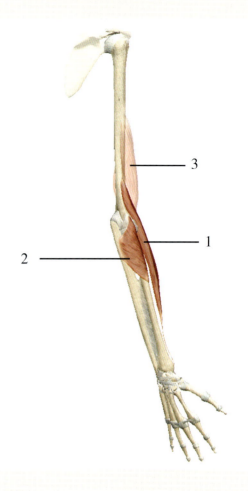

 你的不适

    肘关节疼痛，常伴有腕关节桡骨茎突处疼痛。常见于新手妈妈、奶奶、外婆这类人，经常抱小孩所致。

 自我检查

    伸直肘关节，使前臂向内翻转到极限位置困难。

 准备设备

    * 椅子或类似设备。

◎ 起始位置

坐位，身体向前倾斜，双脚分开，整个右臂向内翻转达到极限，使右手背和腕关节抵着左侧大腿的内侧，用左手抓握右肘的后方。

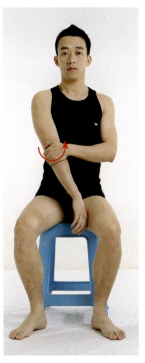

起始位

◎ 拉伸方法

※ 用左手牵拉，以致感到右前臂和肘关节的内侧被拉伸。

※ 右手抵压着左侧大腿保持5秒钟。

※ 放松；使右肘伸直达到极限或者稍微超过一点极限。

※ 重复上述动作直到感觉不能再进一步拉伸，并且感到肌肉紧张为止，保持最后的拉伸动作15秒到1分钟，甚至更长的时间。

拉伸位

☀ 拉伸要求

1. 一般以拉伸 3~4 周为一疗程，每天 2 次，每次 5 组练习。
2. 用右手抵压着右侧大腿的内侧。
3. 处于拉伸位时，用左手使右肘伸直。

☀ 常见错误

前臂没有向内翻转到足够的程度。

☀ 拉伸后效果检测

伸直肘关节，前臂可向内翻转到极限位置。

特别提醒

14 肘关节自我拉伸 -3

◎ **紧张的肌肉**

使腕关节向后背伸的肌肉：

1. 桡侧腕长伸肌
2. 桡侧腕短伸肌
3. 尺侧腕伸肌

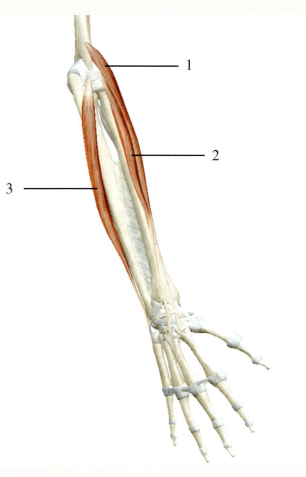

 你的不适

肘关节疼痛，前臂无力。常见于反复使用锤子的工作人员，或羽毛球运动爱好者。

 自我检查

肘关节伸直，屈腕向内旋困难。

 准备设备

* 桌子边缘或其他合适高度的水平支持物，垫上毛巾或毯子。

58

　　面朝桌子站立，使右前臂向内旋转达到极限，把右手背放在桌子上，用左手按压在上面以固定右手的位置。

起始位

◎ 拉伸方法

※ 保持右肘关节伸直，移动身体以致感到前臂后方和肘外侧的肌肉被拉伸。

※ 拉紧这些肌肉使腕关节有伸直的趋势，保持5秒钟。

※ 放松；保持右手在桌面上的位置固定，尽量移动身体远离桌子。

※ 重复上述动作直到感觉不能再进一步拉伸，并且感到肌肉紧张为止，保持最后的拉伸动作15秒到1分钟，甚至更长的时间。

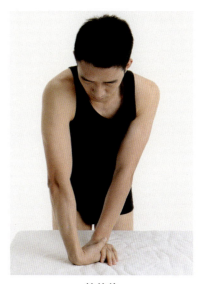

拉伸位

☀ **拉伸要求**

1. 一般以拉伸3~4周为一疗程，每天2次，每次5组练习。
2. 左手压在右手的手掌上，使腕关节屈曲，始终保持肘部伸直。

☀ **常见错误**

肘关节没有伸直；前臂没有向内旋转达到足够的限度。

☀ **温馨提示**

也可以把左手背放在桌面上，逐渐地向上按压右手背，保持肘部伸直。这个拉伸可以抵抗前臂，手部和手指的屈曲和痉挛。

☀ **拉伸后效果检测**

肘关节伸直，屈腕向内旋转无障碍。

特别提醒

15

肘关节自我拉伸 -4

◎ 紧张的肌肉

使腕关节向后背伸的肌肉：

1. 小指伸肌
2. 示指伸肌
3. 指伸肌

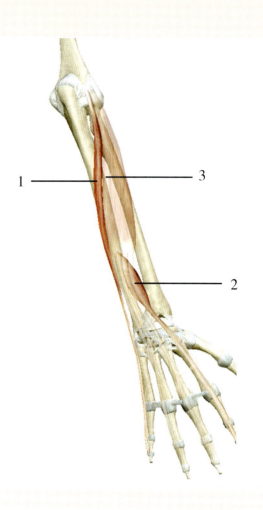

 你的不适

手指有麻木异样感觉。常见于前臂用力劳作的人员。

 自我检查

肘伸直，前臂向内旋，握紧拳头，屈腕关节困难。

 准备设备

* 无需设备。

站立或坐位，向内旋转右臂达到极限，尽可能地握紧右手指，左手放在右手的前方，然后双手抓紧，伸直肘部。

起始位

拉伸方法

※ 旋转右侧腕关节和掌心，以致感到前臂的后部或肘外侧的肌肉被拉伸。

※ 拉紧这些肌肉，使腕关节有伸直的趋势，保持5秒钟。

※ 放松；用左手使右手的腕关节屈曲达到极限，或者稍微超过一点极限。

※ 重复上述动作直到感觉不能再进一步拉伸，并且感到肌肉紧张为止，保持最后的拉伸动作15秒到1分钟，甚至更长的时间。

拉伸位

拉伸要求

1. 一般以拉伸3~4周为一疗程，每天2次，每次5组练习。
2. 保持抓握，但不要用左手拉。
3. 保持肘关节伸直，屈曲右侧腕关节以达到极限。
4. 用左手抵抗右侧肘部屈曲。

常见错误

右侧肘部屈曲；手指没有握紧；前臂没有完全旋转过来。

温馨提示

如果交叉双臂抓握双手时有困难，那么在做这个练习的时候，尽量地使双臂在身体的前方伸直，掌心向内；用左手紧握右手，然后用左手进行牵拉。这个拉伸可以抵抗前臂、手部和手指的屈曲和痉挛。

拉伸后效果检测

肘伸直，前臂向内旋，握紧拳头，屈腕关节，手掌和前臂可以组成一个合适的角度。

 特别提醒

16

肘关节自我拉伸 -5

◎ 紧张的肌肉

屈曲腕关节的肌肉：

1. 桡侧腕屈肌
2. 尺侧腕屈肌

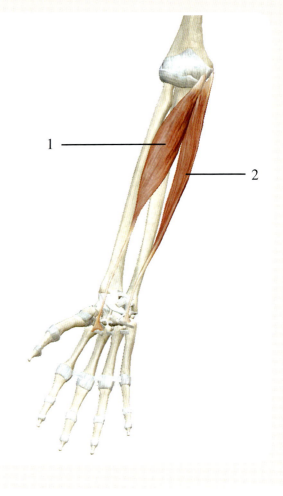

 你的不适

肘关节内侧疼痛，常见于高尔夫球运动爱好者。

 自我检查

腕关节背伸，保持肘伸直，前臂向外旋困难。

 准备设备

* 桌，椅或其他高度合适，表面与地面平行的支持物。

面朝桌子站立，肘关节伸直，前臂向外旋。身体向前倾斜，右掌心压在桌面上，手指向后，用左手抓住右手的腕关节和手背，使其抵抗桌子。

起始位

◎ **拉伸方法**

※ 伸直右侧的肘关节，躯干屈曲，腕关节背屈，以致于感到前臂和肘部内侧的肌肉被拉伸。

※ 拉紧这些肌肉，使腕关节有伸直的趋势，保持 5 秒钟。

※ 放松；躯干尽量屈曲，使腕关节背屈曲达到极限，或者稍微超过一点极限。

※ 重复上述动作直到感觉不能再进一步拉伸，并且感到肌肉紧张为止，保持最后的拉伸动作 15 秒到 1 分钟，甚至更长的时间。

拉伸位

☀ **拉伸要求**

1. 一般以拉伸 3~4 周为一疗程，每天 2 次，每次 5 组练习。
2. 背屈右侧腕关节到极限，保持肘部伸直。
3. 左手压着右手背抵抗屈曲。

☀ **常见错误**

前臂没有向外旋转到足够的程度。

☀ **拉伸后效果检测**

腕关节背伸，保持肘伸直，前臂向外旋无疼痛。

特别提醒

17 肘关节自我拉伸 -6

◎ **紧张的肌肉**

使前臂向内旋的肌肉
1. 旋前圆肌尺侧头部分
2. 旋前方肌

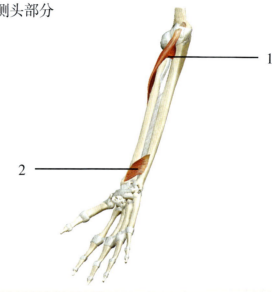

 你的不适

　　肘关节疼痛，前臂无力，腕横纹尺骨小头处疼痛。常见于有跌倒时手掌后撑病史的患者。

 自我检查

　　屈肘关节，前臂外旋或伸肘，前臂外旋时困难。

 准备设备

　　＊ 桌，椅或其他高度合适，表面与地面平行的支持物。

面朝桌子，前倾身体，前臂外旋达到极限，伸直肘部，右手放在桌面上，手指抓握着桌边缘，左手拇指在前握住右侧肘关节的下方。

起始位

◎ 拉伸方法

※ 身体向左方扭转，以致感到肘部内侧受到牵拉，向前臂下移行时掌心的肌肉被拉伸。

※ 拉紧这些肌肉，使前臂有向内旋转的趋势，屈曲肘关节，保持 5 秒钟。

※ 放松；身体左转，前臂外旋，肘部伸直达极限，或稍微超过一点极限。左手辅助推着右手臂，使其伸直。

※ 重复上述动作直到感觉不能再进一步拉伸，并且感到肌肉紧张为止，保持最后的拉伸动作 15 秒到 1 分钟，甚至更长的时间。

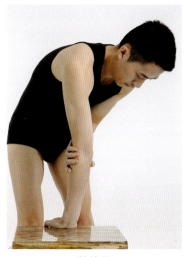

拉伸位

☀ 拉伸要求

1. 一般以拉伸 3~4 周为一疗程，每天 2 次，每次 5 组练习。
2. 前臂和手外旋，伸直肘部达极限。
3. 用左手在右手肘部抵抗旋转。

☀ 常见错误

身体没向左转到位；前臂没向外转到位；肘部没有伸直。

☀ 拉伸后效果检测

屈肘关节，前臂外旋或伸肘，前臂外旋时无障碍。

特别提醒

18

肘关节自我拉伸 -7

◎ 紧张的肌肉

使前臂内旋和肘关节屈曲的肌肉：

1. 旋前圆肌（肱骨头部分）
2. 旋前圆肌（尺骨头部分）
3. 旋前方肌
4. 肱肌

拉伸还影响使手部屈曲的肌肉，如：

5. 桡侧腕屈肌
6. 尺侧腕屈肌

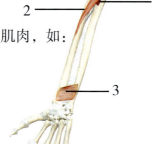
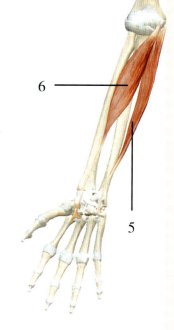

 你的不适

 自我检查

 准备设备

手腕关节疼痛。常见于有跌倒时手掌后撑病史的患者。

屈曲肘关节，前臂向内旋困难。

* 无需设备。

66

◎ 起始位置

坐位或者站立位，右臂对着身体，屈曲肘部，掌心向上翻转达极限。用左手抓握腕关节的上方和右前臂的后方。

起始位

◎ 拉伸方法

※ 用左手向外旋转右臂以致感到前臂掌部的肌肉被拉伸。

※ 拉紧这些肌肉，使右前臂有向内抵抗左手的趋势，保持5秒钟。

※ 放松；使右前臂尽量向外伸展达到极限或者稍微超过一点极限。

※ 重复上述动作直到感觉不能再进一步拉伸，并且感到肌肉紧张为止，保持最后的拉伸动作15秒到1分钟，甚至更长的时间。

拉伸位

☀ **拉伸要求**

1. 一般以拉伸3~4周为一疗程，每天2次，每次5组练习。
2. 右前臂向外旋达到极限，屈曲肘关节。
3. 用左手抵抗旋转。

☀ **常见错误**

前臂没有向外旋转达到足够的程度。

☀ **拉伸效果检测**

屈曲肘关节，前臂向内旋无障碍。

特别提醒

第3节　腕关节自我拉伸

19

腕关节自我拉伸 -1

◎ 紧张的肌肉

控制拇指的肌肉：

1. 拇长伸肌
2. 拇短伸肌
3. 拇长展肌

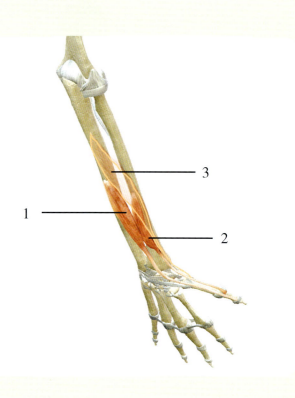

 你的不适

 自我检查

 准备设备

　　腕关节桡骨背侧疼痛，拇指关节疼痛，拇指活动受限，拇指屈伸有被卡住的感觉。常见于长时间强力做钳捏动作的工作人员。

　　拇指屈曲，前臂内旋，屈曲腕关节，掌心向前困难。

　　* 椅子或其他高度合适，表面与地面平行的支持物。

◎ 起始位置

坐位，身体向前稍倾斜，右侧肘关节靠在右侧大腿上。腕关节伸直使右前臂向内旋达到极限，使拇指所有的关节屈曲与小指根接触的趋势，用左手的拇指绕到右手的手背处，双手的掌心相对，保持右手拇指的位置不变。

起始位

◎ 拉伸方法

※ 用左手将右手的手腕向掌侧和外侧（小指的方向）屈曲，以致感到右手的拇指、手腕直到前臂部的肌肉被拉伸。

※ 拉紧这些肌肉，使拇指有伸直的趋势，用左手抵抗，坚持5秒钟。

※ 放松；用左手屈曲右侧腕关节达到极限，或者稍微超过一点极限。

※ 重复上述动作直到感觉不能再进一步拉伸，并且感到肌肉紧张为止，保持最后的拉伸动作15秒到1分钟，甚至更长的时间。

拉伸位

☀ 拉伸要求

1. 一般以拉伸2~3周为一疗程，每天2次，每次5组练习。
2. 试着使右手拇指屈曲和腕关节向前外侧屈曲。
3. 用左手抵抗上述动作。

☀ 常见错误

前臂没有向内旋转；拇指的所有关节没有全部屈曲；腕关节的屈曲没有达到一定的程度。

☀ 拉伸后效果检测

前臂向内旋转，拇指完全屈曲，屈曲腕关节，几乎可以接近90°。

特别提醒

腕关节自我拉伸 -2

20

◎ 紧张的肌肉

使拇指运动的肌肉：
1. 拇长屈肌
2. 拇短屈肌
3. 拇指对掌肌
4. 拇短展肌

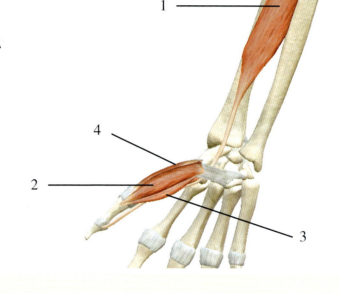

 你的不适

拇指末端关节处疼痛，出现"扳机拇指"。

 自我检查

伸直拇指，前臂外旋，伸肘部和手腕向后背伸时困难。

 准备设备

* 桌子或柜台。

面朝桌子站立，右臂向外旋以达到极限，肘部伸直。手掌平放在桌面上，用手指抓紧桌子的边缘，左手抓握右手拇指。

起始位

◎ **拉伸方法**

※ 用左手向上牵拉右手拇指，以致感到拇指内侧和与腕关节有关的前臂肌肉被牵拉。

※ 拉紧这些肌肉，使拇指有屈曲的趋势，用左手抵抗 5 秒钟。

※ 放松；牵拉右手拇指达到极限，或者稍微超过一点极限。

※ 重复上述动作直到感觉不能再进一步拉伸，并且感到肌肉紧张为止，保持最后的拉伸动作 15 秒到 1 分钟，甚至更长的时间。

拉伸位

☀ **拉伸要求**

1. 一般以拉伸 2~3 周为一疗程，每天 2 次，每次 5 组练习。
2. 前臂向外旋，伸直肘关节。
3. 向上牵拉拇指达到极限。
4. 用左手抵抗上述动作。

☀ **常见错误**

肘关节屈曲；前臂没有外旋；右手向桌边滑动。

☀ **温馨提示**

这个拉伸动作可抵抗前臂、手部和手指的屈曲和痉挛。

☀ **拉伸后效果检测**

前臂向外旋，肘部伸直，或多或少可以使拇指伸直，使其和前臂形成一个合适的角度。

特别提醒

71

第 4 节　指关节自我拉伸

21

指关节自我拉伸 -1

◎ 紧张的肌肉

伸掌作用的肌肉：
1. 骨间背侧肌

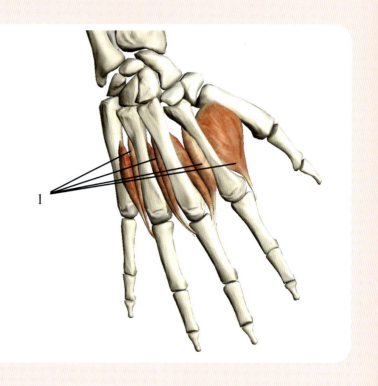

 你的不适

 自我检查

 准备设备

掌骨间疼痛，或有手指麻木疼痛。

五指撑开受限。

* 椅子或其他坐具。

◎ 起始位置

以食指拉伸为例。坐位，手腕伸直，右侧的前臂和手靠在右侧大腿上，手指的中间关节卷曲达到极限。左手握紧右手的拇指和食指。

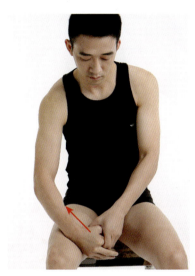

起始位

◎ 拉伸方法

※ 左手压食指向后上方和小指的方向移动，以致感到食指背侧的肌肉被拉伸。

※ 拉紧这些肌肉使指关节屈曲，用左手抵抗保持 5 秒钟。

※ 放松；把食指朝着小指的方向尽量向上后方推，以达到极限，或者是稍微超过一点极限。

※ 重复上述动作直到感觉不能再进一步拉伸，并且感到肌肉紧张为止，保持最后的拉伸动作 15 秒到 1 分钟，甚至更长的时间。

拉伸位

☀ 拉伸要求

1. 一般以拉伸 2~3 周为一疗程，每天 2 次，每次 5 组练习。
2. 使食指向上后方和小指方向移动以达到极限。
3. 用左手的拇指抵抗上述的运动。

☀ 常见错误

腕关节背伸。

☀ 温馨提示

1. 朝上述方向逐个拉伸手指，或将所有的手指一起进行拉伸。
2. 这个拉伸动作可以抵抗手的屈曲和痉挛。

☀ 拉伸后效果检测

五指撑开自如。

特别提醒

22

指关节自我拉伸 -2

◎ 紧张的肌肉

使手指屈伸的掌部肌肉：
1. 蚓状肌

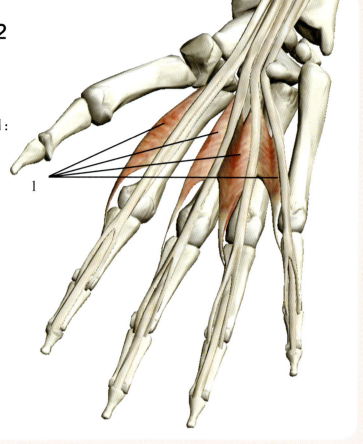

 你的不适

 自我检查

 准备设备

指关节疼痛，常在末端关节外侧出现结节。多见于老年人。

腕背伸保持手指屈曲困难。

* 椅子或其他坐具。

◎ 起始位置

　　坐位，右前臂靠近身体的一侧，前臂向外旋转以达到极限。肘部屈曲达到合适的角度，腕关节伸直，食指的中间和末节关节屈曲，左手的食指放在屈曲的右手食指的上方，拇指放在食指的指关节上。

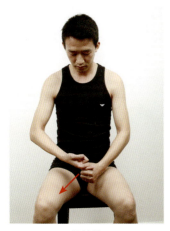

起始位

☀ 拉伸要求

1. 一般以拉伸 3~4 周为一疗程，每天 2 次，每次 5 组练习。
2. 保持此姿势和抓握，但是要减轻左手的按压力量。
3. 向手背方向移动右手食指，向后伸腕关节以达到极限。
4. 用左手的拇指抵抗这个运动。

☀ 常见错误

腕关节没向后背伸达足够长度；肘伸直；食指中部和外侧的关节太松弛。

☀ 温馨提示

图为食指肌肉拉伸，其他手指拉伸同这个步骤一致。拉伸可以一个一个手指分别进行，也可以几个手指一起进行。这个拉伸动作可以抵抗手的屈曲和痉挛。

☀ 拉伸后效果检测

手指中间和末节的关节可以完全被屈曲，指关节向后背伸，腕关节可以向后背伸与前臂形成一个合适的角度。

◎ 拉伸方法

※ 左手移动右手食指达到极限。向后伸右手的腕关节，可感觉到食指下部近掌心位置的肌肉被拉伸。

※ 拉紧这些肌肉，使指关节有屈曲的趋势，用左手抵抗这个运动 5 秒钟。

※ 放松；左手屈曲右手的腕关节达到极限，或是稍微超过一点极限，尽可能保持食指向后背伸。

※ 重复上述动作直到感觉不能再进一步拉伸，并且感到肌肉紧张为止，保持最后的拉伸动作 15 秒到 1 分钟，甚至更长的时间。

拉伸位

特别提醒

23

指关节自我拉伸 -3

◎ 紧张的肌肉

使拇指向手指方向运动的肌肉：

1. 拇收肌（斜头部）
2. 拇收肌（横头部）
3. 第一骨间背侧肌
4. 拇指对掌肌

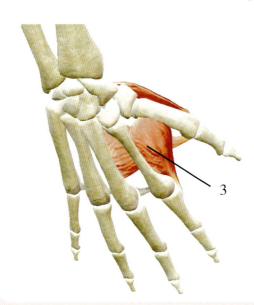
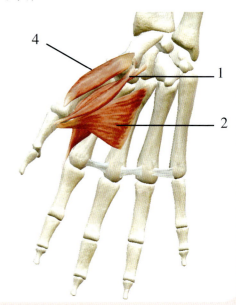

 你的不适

 自我检查

 准备设备

拇指掌指关节处疼痛。有拇指挫伤史。

向前臂方向牵拉拇指受限。

* 椅子或其他坐具。

◎ 起始位置

坐位，右手放在右侧大腿上方，拇指放在大腿的上方前侧，用左手握着右手的拇指。

起始位

◎ 拉伸方法

※ 在大腿部，用左手牵拉右手的拇指向右手腕关节方向运动，可感觉到拇指和食指中间的掌心部肌肉被拉伸。

※ 拉紧这些肌肉使拇指有要和食指接触的趋势，用左手进行抵抗5秒钟。

※ 放松；用左手尽量向上和后方牵拉拇指达到极限，或是稍微超过一点极限。

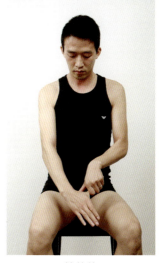

拉伸位

※ 重复上述动作直到感觉不能再进一步拉伸，并且感到肌肉紧张为止，保持最后的拉伸动作15秒到1分钟，甚至更长的时间。

☀ 拉伸要求

1. 一般以拉伸2~3周为一疗程，每天2次，每次5组练习。
2. 使拇指向后上方移动，运动达到极限。
3. 用左手的拇指抵抗这个运动。

☀ 常见错误

右手腕关节屈曲；左手抓握右手拇指的位置太远。

☀ 温馨提示

这个拉伸动作也可这样做：掌心和四指放在桌面，拇指在桌边上方进行牵拉。这个拉伸动作可以抵抗手的屈曲和痉挛。

☀ 拉伸后效果检测

可以牵拉拇指到与食指形成一个最大的角度。

特别提醒

24 指关节自我拉伸 -4

◎ **紧张的肌肉**

使小指向外运动的肌肉：
1. 小指展肌
2. 第四骨间掌侧肌
3. 第四蚓状肌

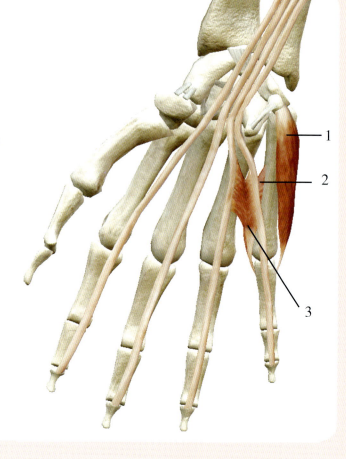

 你的不适

 自我检查

 准备设备

小指关节疼痛。	腕关节向后背伸时，使小指背伸向上，然后尽量接近中指困难。	* 桌子。 * 椅子或者类似设备。

面朝桌子站立，右臂向内旋达到极限，腕关节向后背伸达到极限，掌心平放在桌面上，手指放于桌子边缘，小指中间和末节的关节屈曲。左手抓握右手的小指。

起始位

◎ **拉伸方法**

※ 左手向上牵拉小指并位于无名指的上方，可以感受到小指根部的肌肉被拉伸。

※ 拉紧这些肌肉，使小指有向掌心屈曲的趋势，用左手抵抗保持5秒钟。

※ 放松；尽量向上牵拉小指，使其位于无名指的上方以达到极限，或者稍微超过一点极限。

※ 重复上述动作直到感觉不能再进一步拉伸，并且感到肌肉紧张为止，保持最后的拉伸动作15秒到1分钟，甚至更长的时间。

拉伸位

☀ **拉伸要求**

1. 一般以拉伸2~3周为一疗程，每天2次，每次5组练习。
2. 使小指背伸向上后方移动，位于无名指的上方，使指关节背伸。
3. 用左手抵抗这个运动。

☀ **常见错误**

手臂没有向外旋转。腕关节没有向后背伸。小指没有背伸。

☀ **拉伸后效果检测**

腕关节向后背伸时，使小指背伸向上，小指可以轻微地移向无名指的上方。

特别提醒

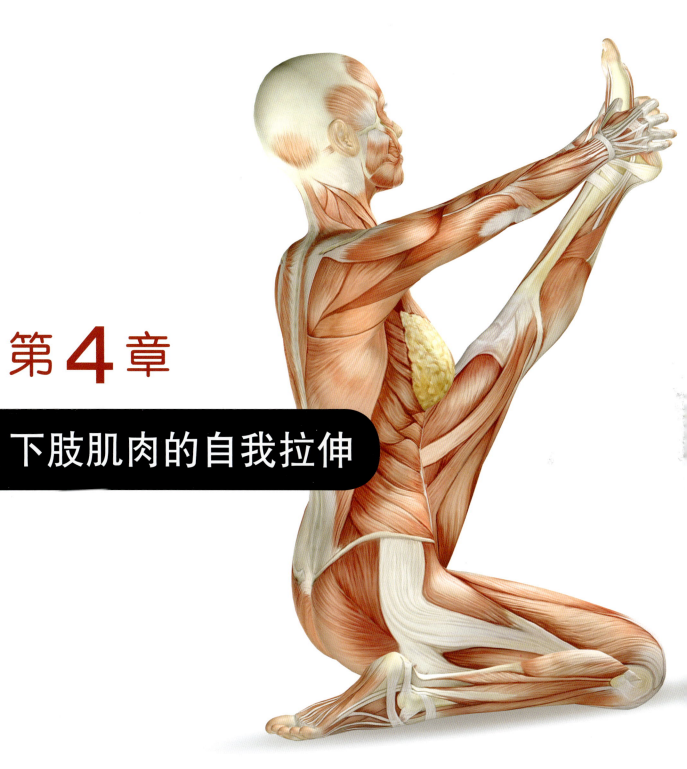

第4章

下肢肌肉的自我拉伸

每个练习在身体的左侧或右侧都可以进行，书中描述的都是在右侧的练习（极个别在左侧），如果你想在左侧进行，那么就应该把书中文字和图示的"右侧"都换成左侧。

通过下表，可根据部位查找你的麻烦所在。

第1节　髋关节自我拉伸

髋关节自我拉伸 -1

25

◎ 紧张的肌肉

使髋关节伸直的肌肉：1. 股二头肌长头；2. 半腱肌；3. 半膜肌；4. 臀大肌；5. 内收大肌

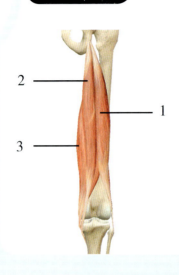
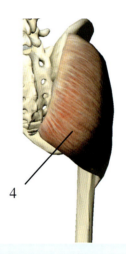
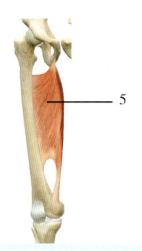

 你的不适

 自我检查

 准备设备

臀部坐骨结节处疼痛。膝关节腘窝处疼痛，易形成腘窝囊肿。

膝关节伸直时，屈曲髋关节困难。

* 椅子，坐具或类似的支持物。
* 垫子或其他柔软的表面光滑铺在地板上的物体，用于膝关节跪立。

　　左膝放在垫子上，右腿向前，屈曲膝关节，左手放在椅子上支撑身体。左侧的髋关节伸直，上半身向前倾斜，但不要屈曲，使骨盆面向正前方。

起始位

◎ 拉伸方法

※ 左侧膝关节向后滑动，以致感到右侧大腿后部肌肉被拉伸。

※ 右侧的足掌向下压地板，保持 5 秒钟。

※ 放松；左侧膝关节向后滑动达到极限，或稍微超过一点极限。

※ 重复上述动作直到感觉不能再进一步拉伸，并且感到肌肉紧张为止，保持最后的拉伸动作 15 秒到 1 分钟，甚至更长的时间。

拉伸位

☀ 拉伸要求
1. 一般以拉伸 3~4 周为一疗程，每天 2 次，每次 5 组练习。
2. 保持最后的拉伸动作，试图抬高右腿使右膝伸直。

☀ 常见错误
骨盆向后倾斜或者旋转；后背的下部旋转或向前屈曲；右腿向内或外侧旋转；手臂没有支撑牢固；左膝用力过大。

☀ 拉伸后效果检测
直立，双侧膝关节伸直，以髋关节为枢纽，向前弯腰可以摸到脚尖。

特别提醒

髋关节自我拉伸 -2

26

◎ 紧张的肌肉

使髋关节伸直的肌肉：1. 大收肌；2. 耻骨肌；
3. 长收肌；4. 短收肌；5. 闭孔外肌；6. 臀大肌

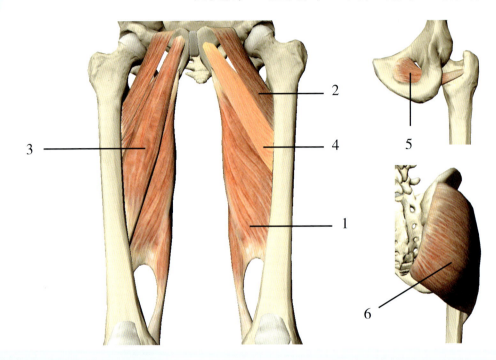

 你的不适

 自我检查

 准备设备

盆底疼痛，可能伴
有性交痛、漏尿现象。
常见于产后、老年妇女。

坐位双足掌相对，
双膝往外展困难。

* 椅子，坐具或者类
似设备。

起始位置

面朝前方，右下肢抬高踩在椅座上，左脚在地面上向后滑动使左髋关节尽量伸直，背部和左腿保持挺直。左手放在椅子上支撑身体。

起始位

拉伸方法

※ 向前下方倾斜身体，右侧膝关节和髋关节屈曲，可以感到大腿的内侧、后部以及臀部的肌肉被拉伸。

※ 躯干向前下压右下肢，保持不动 5~10 秒钟。

※ 放松；向后蹬左脚，使上半身和髋关节尽量向前压。随着拉伸的进一步进行，把右臂放在右侧大腿的外侧，双手抓着椅子的座位，以致于右肩可以达到或低于右侧膝关节的水平位置。

※ 重复上述动作直到感觉不能再进一步拉伸，并且感到肌肉紧张为止，保持最后的拉伸动作 15 秒到 1 分钟，甚至更长的时间。

拉伸位

拉伸要求

1. 一般以拉伸 3~4 周为一疗程，每天 2 次，每次 5 组练习。
2. 右侧膝关节和髋关节屈曲达到极限。

常见错误

左侧膝关节和髋关节屈曲；背部的下方没有挺直。

温馨提示

拉伸的最后阶段，使双手向下拉身体以提高疗效。

拉伸后效果检测

坐位双足掌相对，双膝往外展无限制。
建议到康复医师或治疗师处就诊，明确诊断治疗，配合自我拉伸。

特别提醒

髋关节自我拉伸-3

27

◎ 紧张的肌肉

使髋关节伸直，双腿分开，并使它们向髋关节的两侧移动的肌肉：1. 梨状肌；2. 臀大肌；3. 臀中肌；4. 臀小肌；5. 股方肌

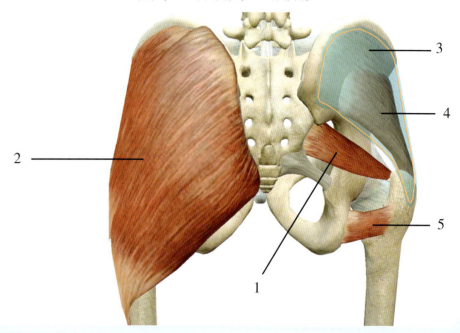

你的不适

臀部酸痛，牵至右大腿或小腿外侧。

自我检查

腿部向内旋转达到极限，可以交叉双腿站立，任何一侧腿放在前方都行，难以使身体向前倾斜直到上半身和地板平行。

准备设备

* 可用于平躺的垫子。

平躺在地板上，右膝和髋关节屈曲呈 60°，右脚掌着地。用右手扶着骨盆，向侧方伸展左臂，掌心向下平放在地板上。左腿交叉，脚跟或踝关节的外侧放在右侧膝关节或大腿的外侧。

起始位

◎ **拉伸方法**

※ 右侧大腿向内侧移动，保持右脚掌接触地板，直到感到大腿和臀部的肌肉被拉伸。

※ 右侧大腿抵抗左足跟或踝，保持 5 秒钟。

※ 放松；用左踝或足跟抵抗右侧大腿向内移动（左方）达到极限，或稍超过一点极限。

※ 重复上述动作直到感觉不能再进一步拉伸，并且感到肌肉紧张为止，保持最后的拉伸动作 15 秒到 1 分钟，甚至更长的时间。

拉伸位

☀ **拉伸要求**

1. 一般以拉伸 3~4 周为一疗程，每天 2 次，每次 5 组练习。
2. 用左侧大腿抵抗右膝。

☀ **常见错误**

右侧的骨盆抬离地面；后背的下方前屈；右脚掌没接触地面；左足跟或踝滑离右膝。

☀ **温馨提示**

用右手固定骨盆使其不移动。

☀ **拉伸后效果检测**

腿部向内旋转达到极限，可以交叉双腿站立，任何一侧腿放在前方都行，可以使身体向前倾斜直到上半身和地板平行，注意后背的下方不要向外突出。

建议到康复医师或治疗师处就诊，明确诊断治疗，配合自我牵张拉伸。

特别提醒

髋关节自我拉伸 -4

28

◎ **紧张的肌肉**

使髋关节外旋的肌群：

1. 臀中肌
2. 臀小肌
3. 梨状肌
4. 半腱肌
5. 半膜肌

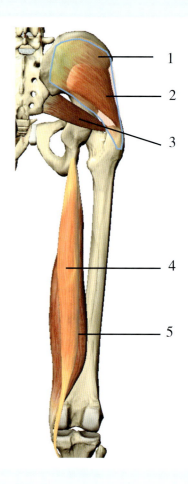

 你的不适

 自我检查

 准备设备

尾骨痛，髋部及大腿外侧酸痛。

屈髋屈膝，外旋髋困难。

* 有垫子的长凳，桌子或者椅子。

90

◎ 起始位置

坐在桌面或长凳上，使右侧大腿的外侧和小腿放在长凳或是桌子的垫子上，左腿放在地板上，右侧髋关节和膝关节屈曲。身体右转，使躯干向前倾斜超过右侧膝关节。

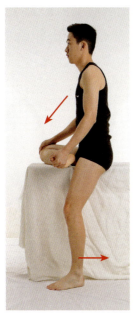

起始位

◎ 拉伸方法

※ 背伸直，躯干尽量向前倾超过右髋关节，左脚向后滑动直到感到右臀部肌肉被拉伸。

※ 下压右膝和小腿，拉紧这些肌肉，坚持5秒钟。

※ 放松；身体向前倾超过腿部达极限，或稍微超过一点极限。

※ 重复上述动作直到感觉不能再进一步拉伸，并且感到肌肉紧张为止，保持最后的拉伸动作15秒到1分钟，甚至更长的时间。

拉伸位

☀ 拉伸要求

1. 一般以拉伸3~4周为一疗程，每天2次，每次5组练习。
2. 右手放在右膝上以抵抗动作。

☀ 常见错误

背部下方向外推且没有向右旋转；右侧的膝关节没有被向内压。

☀ 温馨提示

1. 如感到后背下方，腹股沟或是膝关节疼痛，停止拉伸。
2. 如感到髋关节疼痛，需要进行轻度按压，时间要坚持长久一些。这个练习也可以在地板上进行。

☀ 拉伸后效果检测

屈髋屈膝，外旋髋自如。
建议到康复医师或治疗师处就诊，明确诊断治疗，配合自我牵张拉伸。

特别提醒

29

髋关节自我拉伸-5

◎ 紧张的肌肉

使髋关节伸直，双腿分开，并使它们向髋关节的两侧移动的肌肉：1. 耻骨肌；2. 长收肌；3. 闭孔外肌；4. 短收肌；5. 大收肌；6. 股薄肌；7. 臀中肌；8. 臀小肌；9. 闭孔内肌；10. 股方肌；11. 股二头肌

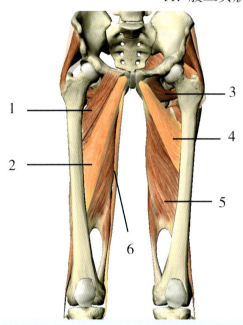
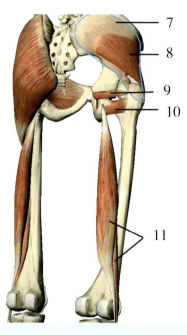

 你的不适

 自我检查

 准备设备

会阴部不适，膝后部疼痛，坐骨结节处疼痛，腰背疼痛。

两腿分开，向内旋转，髋屈曲时困难。

* 两个垫子或是其他柔软的衬垫可以让膝关节舒服地放在上面。

◎ 起始位置

　　一侧垫子上放一侧膝关节，双手向前放在地板上，使后背保持伸直。移动双腿的下部和双脚使其尽可能地分开以使双腿向内旋转，保持脚后跟尽可能地分离。

起始位

☀ 拉伸要求

1. 一般以拉伸 3~4 周为一疗程，每天 2 次，每次 5 组练习。
2. 保持位置不动，尽可能地使双膝和腿分离。

☀ 常见错误

背部下方前屈；髋关节没有向内旋转（脚跟靠在一起）；髋关节伸直。

☀ 温馨提示

1. 这个练习中髋关节要一步步逐渐地屈曲，如果觉得跪位不舒服或有困难，那么就站起来，使膝关节伸直，腿部向内旋转，身体向前倾斜（后背伸直），以致髋关节屈曲可以达到一个合适的角度。
2. 还可以选择躺下，脚在空中，膝和髋关节成合适的角度，双腿向内旋达极限，按压膝关节向外达极限，然后用手抵抗膝关节的外侧。

☀ 拉伸后效果检测

站立，双腿向内旋，使双大腿分开直到双大腿成一个合适的角度，超过 90°。建议到康复医师或治疗师处就诊，明确诊断治疗，配合自我拉伸。

◎ 拉伸方法

※ 屈肘关节以降低身体高度，使膝关节和脚分开以致感到臀部和大腿内侧后方的肌肉被拉伸。

※ 拉紧这些肌肉，双侧大腿向内压，同时不移动膝关节，坚持 5 秒钟。

※ 放松；移动膝关节和脚使其分离达到极限，或稍微超过一点极限。

※ 重复上述动作直到感觉不能再进一步拉伸，并且感到肌肉紧张为止，保持最后的拉伸动作 15 秒到 1 分钟，甚至更长的时间。

拉伸位

特别提醒

30

髋关节自我拉伸-6

◎ 紧张的肌肉

使髋关节伸直，双腿分开，并使它们向髋关节的两侧移动的肌肉：1. 耻骨肌；2. 长收肌；3. 闭孔外肌；4. 短收肌；5. 大收肌；6. 股薄肌；7. 臀中肌；8. 臀小肌；9. 闭孔内肌；10. 股方肌；11. 股二头肌

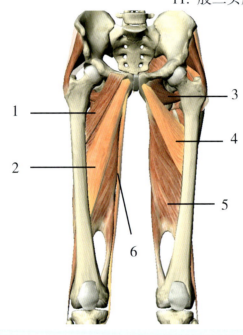
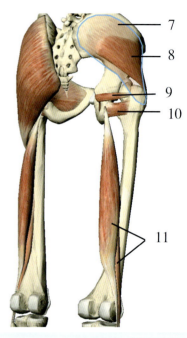

 你的不适

 自我检查

 准备设备

腹股沟处疼痛，膝关节内侧处疼痛。

双腿分开，向外侧旋，髋关节屈曲时困难。

* 两个垫子或其他柔软可让膝舒服置于上的衬垫。

起始位置

　　膝盖跪在垫子上，双手向前放在地板上，使后背保持伸直。使膝分开达到极限，保持足跟并拢使双腿向外旋转。

起始位

拉伸要求

1. 一般以拉伸 3~4 周为一疗程，每天 2 次，每次 5 组练习。
2. 保持位置不动，尽可能地使双膝和腿分离。

常见错误

背的下方前屈；双腿未向髋关节外旋转（足跟没靠在一起）。髋关节伸直。

温馨提示

1. 该练习中的髋关节需要逐渐地屈曲，如果觉得跪位不舒服或者有困难，那么可以站立做；使膝关节伸直，腿部向外旋，身体向前倾斜（背伸直），以致髋关节前屈可达到一个合适的角度。
2. 还可以选择躺下，脚在空中，膝关节和髋关节成合适的角度，双腿向外旋转达到极限，按压膝关节向外达到极限，然后用手抵抗膝关节的外侧。

拉伸后效果检测

站立，双腿向外旋转，双腿分开直到双大腿形成一个合适的角度，超过 90°。建议到康复医师或治疗师处就诊，明确诊断治疗，配合自我拉伸。

拉伸方法

※ 屈肘关节以降低身体高度，膝分开以致感到臀部甚至是大腿内侧后方肌肉被拉伸。

※ 拉紧这些肌肉，使双侧大腿向内压的同时不要移动膝关节，坚持 5 秒钟。

※ 放松；移动膝关节使其分离达到极限，或稍微超过一点极限。

※ 重复上述动作直到感觉不能再进一步拉伸，并且感到肌肉紧张为止，保持最后的拉伸动作 15 秒到 1 分钟，甚至更长的时间。

拉伸位

特别提醒

31 髋关节自我拉伸 -7

◎ 紧张的肌肉

这是常见的髋周围大部分肌群：
1. 耻骨肌；2. 长收肌；3. 闭孔外肌；4. 短收肌；5. 大收肌；6. 股薄肌；7. 臀中肌；8. 臀小肌；9. 闭孔内肌；10. 股方肌；11. 股二头肌；12. 股直肌

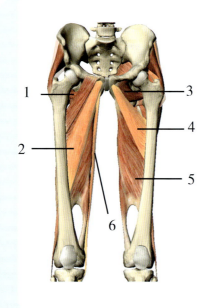
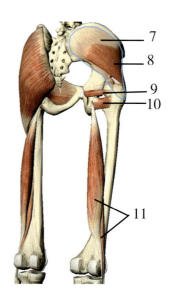

 你的不适

 自我检查

 准备设备

腰痛，臀部疼痛，膝关节痛。常见于中老年人。

充分前屈或伸直髋关节困难。

* 椅子等支持物。
* 垫子或其他柔软的可支持膝关节的东西。

右侧膝关节放在垫子上，左手放在椅子座位上以支撑背部下方和膝关节的力量。左侧足跟向前滑动，腿伸直。右侧髋关节伸直，使上半身保持垂直，不要向前屈背。

起始位

☀ **拉伸要求**

1. 一般以拉伸 3~4 周为一疗程，每天 2 次，每次 5 组练习。
2. 保持位置不变，拉紧右侧臀部的肌肉。
3. 保持左侧膝伸直，试图使左髋关节屈曲。

☀ **常见错误**

骨盆相对于躯干的倾斜和旋转；双手没有足够支撑身体的力；右脚向下压，把身体的重心放在膝关节处；左腿向内侧或外侧旋转。

☀ **温馨提示**

1. 调换腿的位置以对其相反方向的肌肉进行训练。
2. 上半身会稍微向前倾斜，后背伸直，以增强对左侧大腿后部的肌肉拉伸。骨盆向后倾斜，下腹部向脐部提起，以加强右侧髋关节前方和内侧以及大腿肌肉的拉伸。

☀ **拉伸后效果检测**

站立位，后背伸直，向前弯腰可双手摸到脚尖。建议到康复医师或治疗师处就诊，明确诊断治疗，配合自我拉伸。

◎ **拉伸方法**

※ 左腿向前滑动，以致感到左侧大腿的后部和右侧大腿的前方，以及髋关节的肌肉被拉伸。

※ 向地板方向按压左足跟部，保持 5 秒钟。

※ 放松；使左侧足跟向前滑动达到极限，或是稍微超过一点极限。

※ 重复上述动作直到感觉不能再进一步拉伸，并且感到肌肉紧张为止，保持最后的拉伸动作 15 秒到 1 分钟，甚至更长的时间。

拉伸位

特别提醒

髋关节自我拉伸 -8

32

◎ 紧张的肌肉

这是常见的髋周围大部分肌群：
1. 耻骨肌；2. 长收肌；3. 闭孔外肌；4. 短收肌；5. 大收肌；6. 股薄肌；7. 臀中肌；8. 臀小肌；9. 闭孔内肌；10. 股方肌；11. 股二头肌；12. 半腱肌；13. 半膜肌；14. 股直肌；15. 髂腰肌

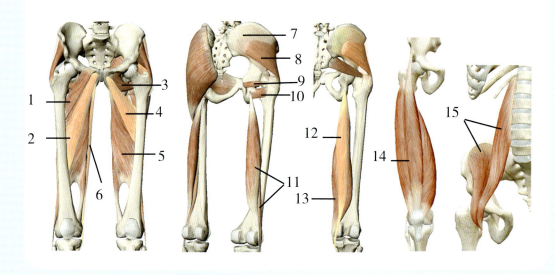

 你的不适

 自我检查

 准备设备

腰酸痛，坐位起立无力。急性发作时腰痛难忍，不敢坐。

弓箭步，双脚尖稍内扣，上身挺直，向屈髋一侧转身时受限。

* 椅子等支持物。
* 垫子或其他柔软的可支持膝关节的东西。

◎ 起始位置

右膝放在垫子上，左腿向前放在地板上，左髋和膝关节屈曲。左手扶椅子支撑身体，使右髋关节伸直，躯干保持挺直，骨盆不要向一边旋转。

起始位

◎ 拉伸方法

※ 尽量屈左膝使躯干和骨盆向前倾斜，以致感到右侧腹股沟的内侧被拉伸。

※ 拉紧这些肌肉，使右侧膝关节有向前以及左脚向后的趋势，坚持 5 秒钟。

※ 放松；屈曲左侧膝关节使右侧臀部和左侧大腿的肌肉被牵拉，不要滑动左脚。达到极限，或是稍微超过一点极限。

※ 重复上述动作直到感觉不能再进一步拉伸，并且感到肌肉紧张为止，保持最后的拉伸动作 15 秒到 1 分钟，甚至更长的时间。

拉伸位

☀ 拉伸要求

1. 一般以拉伸 3~4 周为一疗程，每天 2 次，每次 5 组练习。
2. 保持位置不变，拉紧右臀的肌肉使骨盆向前倾。

☀ 常见错误

上身向前倾斜；右侧髋关节没有伸直；左膝关节向前屈曲不够。

☀ 温馨提示

可帮助减轻腰背部的疼痛。这个练习可以最大限度地拉伸髂腰肌。

☀ 拉伸后效果检测

弓箭步，双脚尖稍内扣，上身挺直，向屈髋一侧转身时自如。建议到康复医师或治疗师处就诊，明确诊断治疗，配合自我拉伸。

特别提醒

99

33

髋关节自我拉伸 -9

◎ 紧张的肌肉

使髋屈和膝伸的肌肉：

1. 股直肌

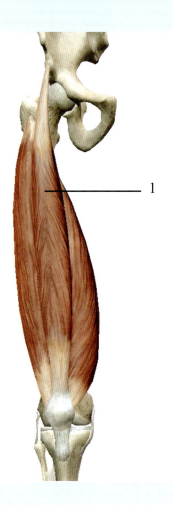

1

 你的不适

膝关节髌骨前疼痛，上楼梯无力。

 自我检查

站立位，髋关节伸直，膝关节屈曲，用同侧手握住踝部向后上方提腿，上身后仰，大腿前疼痛。

 准备设备

* 桌子，长椅或其他高度合适的物体。

* 带子，绳索，毛巾或类似物。

100

◎ 起始位置

　　用绷带环绕右踝部，头朝下趴在桌子上，左腿放在桌子的外边，左脚向前伸到足够远的地方。使绷带跨过右侧肩膀并抓住其尾部。上半身轻微地向左侧屈曲，右腿的下部不要向两侧倾斜，屈曲右膝，右侧髋关节抵着桌子，下颌内收。

起始位

◎ 拉伸方法

※ 牵拉绷带使膝关节尽量屈曲，以致感到右侧大腿部前方的肌肉被牵拉。

※ 右腿抵抗牵拉的绷带，保持 5 秒钟不动。

※ 放松；牵拉绷带使右脚尽可能地接近臀部，保持后背的下方伸直。

※ 重复上述动作直到感觉不能再进一步拉伸，并且感到肌肉紧张为止，保持最后的拉伸动作 15 秒到 1 分钟，甚至更长的时间。

拉伸位

☀ 拉伸要求

一般以拉伸 3~4 周为一疗程，每天 2 次，每次 5 组练习。

☀ 常见错误

左脚向后太远或离开地面向上，以致背下方前屈；上半身向右屈曲。右髋关节屈曲；右腿下方向内或外旋，下颌向前突出，或头后仰。

☀ 温馨提示

1. 一般不进行这个动作，因为常刺激大腿后部的拮抗肌会引起痉挛，除非做此动作时无大腿后部拮抗肌痉挛的情况。
2. 当肌肉十分紧张和跪位感到疼痛时做此拉伸。
3. 当肌肉只是有轻微僵硬时可以用右手和手臂代替绷带进行牵拉。
4. 如果右腿部的下方旋转，膝关节会超负荷。

☀ 拉伸后效果检测

髋关节后伸，膝关节屈曲，可以使踝部向上接触臀部。

特别提醒

101

髋关节自我拉伸 -10

34

◎ 紧张的肌肉

使髋屈和膝伸的肌肉:

1. 股直肌

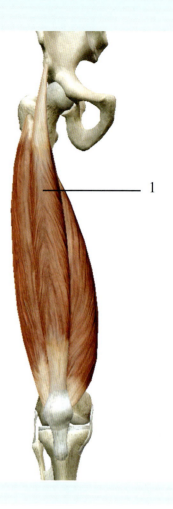

1

 你的不适

 自我检查

 准备设备

常见膝关节髌骨前疼痛,上楼梯无力。

跪位,膝关节屈曲,髋关节伸直时困难。

* 椅子,坐具或是其他合适的支持物。
* 垫子。

　　右侧膝关节跪在垫子上，左脚向前放在地面上，伸直左膝。左手扶在椅子上支撑后背的下方和膝关节，以保持平衡。右手握着右踝部，向背部牵拉，骨盆不要向右旋转，后背不要前屈，骨盆向后倾斜（身体的中间位置），使下腹部向脐部方向上提。

起始位

☀ 拉伸要求
一般以拉伸 3~4 周为一疗程，每天 2 次，每次 5 组练习。

☀ 常见错误
后背的下方前屈；右侧髋关节没有伸直；骨盆没有向右旋转；后背的下方向一侧屈曲；右膝承受身体过多的重量。

☀ 温馨提示
1. 一般不进行这个动作，因为常刺激大腿后部的拮抗肌会引起痉挛，除非做此动作时无大腿后部拮抗肌痉挛的情况。
2. 这个练习可以最大限度地拉伸肌肉，当肌肉有轻微的僵硬时可以使用。
3. 这个练习会使膝关节承受很大的负荷。
4. 如果膝关节损伤，请做髋关节自我拉伸 9 的练习来代替。

☀ 拉伸后效果检测
髋关节后伸，膝关节屈曲，可以使脚后跟向上接触臀部。

◎ 拉伸方法

※ 右侧髋关节伸直，使脚向臀部牵拉，以致感到右侧大腿的前方肌肉被牵拉。

※ 右脚抵抗牵拉的右手，保持姿势 5 秒钟不动。

※ 放松；伸直右侧髋关节，牵拉右脚尽量接近臀部，使后背的下方保持伸直。

※ 重复上述动作直到感觉不能再进一步拉伸，并且感到肌肉紧张为止，保持最后的拉伸动作 15 秒到 1 分钟，甚至更长的时间。

拉伸位

特别提醒

35

髋关节自我拉伸 -11

◎ 紧张的肌肉

使髋关节屈曲，膝关节伸直的肌肉：
1. 股直肌

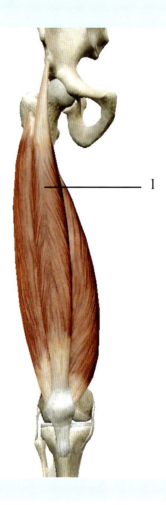

———————————— 1

 你的不适

膝关节前疼痛，上楼无力者。

 自我检查

站立位，髋关节伸直，膝关节屈曲，用同侧手握住踝部向后上方提脚，上身后仰大腿前疼痛。

 准备设备

* 椅背或其他与手位置水平的支持物。

◎ 起始位置

左手放在椅子后背或其他支持物上。右手抓着右踝部，后背、左膝和左侧髋关节伸直。右侧大腿尽量向后移动使右侧髋关节伸直，后背不要前屈，也就是说，骶椎在两个腿部中间移动使骨盆向后倾斜，使下腹部向脐部方向上提。

起始位

◎ 拉伸方法

※ 朝着臀部方向牵拉右脚，以致感到右侧大腿前方的肌肉被拉伸。

※ 用右脚抵抗牵拉的右手5秒钟不动。

※ 放松；牵拉右脚尽量接近臀部，使后背的下方伸直。

※ 重复上述动作直到感觉不能再进一步拉伸，并且感到肌肉紧张为止，保持最后的拉伸动作15秒到1分钟，甚至更长的时间。

拉伸位

☀ 拉伸要求

一般以拉伸3~4周为一疗程，每天2次，每次5组练习。

☀ 常见错误

后背的下方前屈，骨盆没有向后倾斜；右侧臀部没有伸直。骨盆向右旋转；后背的下方侧弯。手没有很好地支持。

☀ 温馨提示

拉伸时，注意抬头，最大限度拉伸股直肌。

☀ 拉伸后效果检测

髋关节后伸，膝关节屈曲，可以使脚跟向上接触臀部。

特别提醒

36

髋关节自我拉伸 -12

◎ 紧张的肌肉

使大腿内收的肌群：
1. 耻骨肌
2. 短收肌
3. 长收肌
4. 大收肌

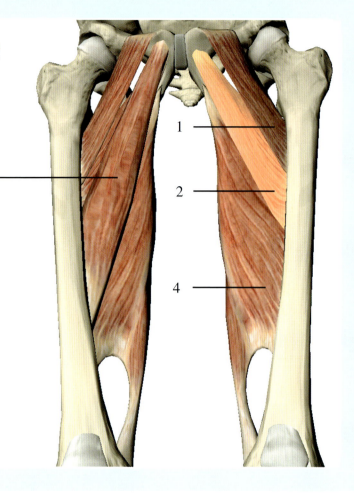

 你的不适

 自我检查

 准备设备

膝关节内侧疼痛、腹股沟疼痛。

坐位，双腿盘腿困难。

* 椅背或合适的支持物，光滑柔软的垫子。

◎ 起始位置

跪立于垫子上，手扶在椅子的后背以保持身体的稳定，保持髋关节和后背伸直，双腿尽量分开。

起始位

◎ 拉伸方法

※ 滑动膝关节使其分离，以致感到腹股沟和大腿的内侧被拉伸。

※ 拉紧肌肉，使双膝有向内收的趋势，但不要移动它们，保持5秒钟。

※ 放松；双膝滑动分开达到极限，或稍微超一点极限，不要让背部下方前屈。

※ 重复上述动作直到感觉不能再进一步拉伸，并且感到肌肉紧张为止，保持最后的拉伸动作15秒到1分钟，甚至更长的时间。

拉伸位

☀ 拉伸要求

1. 一般以拉伸3~4周为一疗程，每天2次，每次5组练习。
2. 保持上身挺直，滑动膝关节尽量分开。

☀ 常见错误

上身前屈；髋没有伸直；双髋关节外旋。

☀ 温馨提示

面朝下躺下，然后移动双腿，使其分开达到极限。

☀ 拉伸后效果检测

站立使双腿分开，相互形成大于90°的角度。
建议到康复医师或治疗师处就诊，明确诊断治疗，配合自我拉伸。

特别提醒

髋关节自我拉伸 -13

37

◎ **紧张的肌肉**

使大腿内收的肌群：1. 耻骨肌；2. 短收肌；3. 长收肌；
4. 大收肌；5. 股薄肌；
达极限位时，也牵拉到：6. 半腱肌，7. 半膜肌。

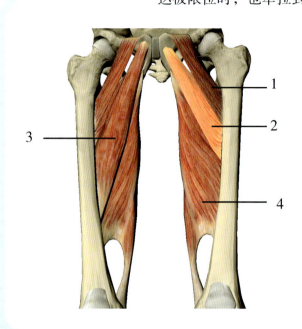
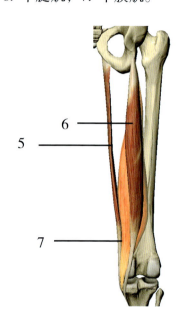

 你的不适

膝关节内侧疼痛，上楼感觉无力。

 自我检查

坐位，双腿盘腿困难。

 准备设备

＊椅子或其他合适的支持物。

◎ **起始位置**

　　站立背伸直，双腿分开，双手扶椅靠背以稳定身体。

起始位

◎ **拉伸方法**

※ 滑动双脚使其分离足够远的位置，以致感到腹股沟和大腿的内侧被拉伸。

※ 拉紧肌肉，使双腿有靠近的趋势，不移动双脚 5 秒钟。

※ 放松；使脚向外滑动，使双腿分开达到极限，或稍微超过极限，不要前屈后背。

※ 重复上述动作直到感觉不能再进一步拉伸，并且感到肌肉紧张为止，保持最后的拉伸动作 15 秒到 1 分钟，甚至更长的时间。

拉伸位

☀ **拉伸要求**

1. 一般以拉伸 3~4 周为一疗程，每天 2 次，每次 5 组练习。
2. 保持上身挺直，滑动双足使其尽量分开。

☀ **常见错误**

上身前屈；髋没有伸直；双髋关节外旋。

☀ **温馨提示**

1. 避免跪立时进行此项拉伸。
2. 也可躺下或面朝下，移动双腿使分开达极限，双手放在大腿外侧抵抗。

☀ **拉伸后效果检测**

站立使双腿分开，相互可形成大于 90° 的角度。

特别提醒

38

髋关节自我拉伸-14

◎ 紧张的肌肉

臀部的肌肉：

1. 臀中肌
2. 臀小肌

如挛缩严重还会影响到：

3. 阔筋膜张肌

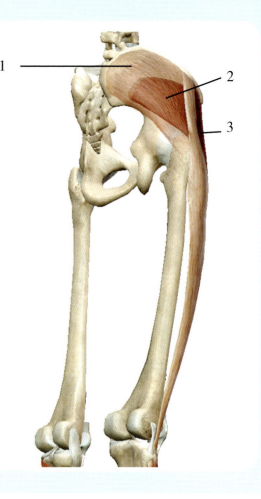

 你的不适

臀部酸痛迁延至大腿、小腿外侧。类似坐骨神经痛。

 自我检查

交叉双腿，上身向前侧腿一方倾斜，后侧腿臀部大腿外侧疼痛。

 准备设备

＊墙壁，门框或类似物。

　　站直身体，离墙壁有一手臂长度距离，右脚承重，右手扶墙，手臂与地面平行然后伸直，左腿交叉放于右腿前方，左脚放在地面上，左手扶住左髋关节。

起始位

◎ 拉伸方法

※ 保持背伸，左侧髋关节降低，使右侧髋关节向墙壁靠近，感到右侧髋关节的外侧肌肉被拉伸。

拉伸位

※ 拉紧这些肌肉，使双腿呈交叉的趋势，但不要移动双脚，保持5秒钟不动。

※ 放松；降低左髋关节，背伸直，移动右髋，使其尽量接近墙壁。

※ 重复上述动作直到感觉不能再进一步拉伸，并且感到肌肉紧张为止，保持最后的拉伸动作15秒到1分钟，甚至更长的时间。

☀ **拉伸要求**

1. 一般以拉伸3~4周为一疗程，每天2次，每次5组练习。
2. 右腿站立，左腿尽量交叉。

☀ **常见错误**

背下方前屈或侧弯；骨盆向前倾或旋转；右髋屈曲；左腿相对右腿没移动足够远的距离。

☀ **温馨提示**

1. 躯干应该保持不动，只是髋关节移动。
2. 使髋关节向前或是后方轻微屈曲，腿部向内侧或是外侧旋转，找到能最大限度拉伸的位置。

☀ **拉伸后效果检测**

平躺，髋伸直，双腿交叉，直至腿上部可放在对侧膝关节上方，即相反方向的大腿上。

特别提醒

111

39

髋关节自我拉伸-15

◎ 紧张的肌肉

大腿外侧的肌肉：

1. 阔筋膜张肌

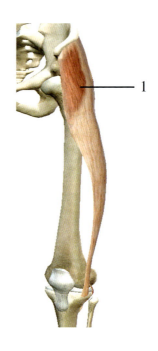

1

 你的不适

 自我检查

 准备设备

股骨大转子处及腿外侧酸痛不适。

交叉双腿站立，保持髋伸直，后侧腿稳定，上身向后侧腿一方旋转，后侧大腿外侧酸痛。

* 椅子，或类似的支持物。
* 垫子。

　　右手放在椅座
上，右膝跪在垫子
上。右脚和腿部的
下方向内移动达到
极限，使右髋关节
向外旋。向前滑动
左脚，左髋和膝关
节屈曲，使左腿向
外旋。左手放在左
髋处，伸直右髋关
节，推动骨盆向左
移动。

起始位

◎ 拉伸方法

※ 左腿向前和向右移动以降低髋关节的高度，
骨盆向右侧或稍向前移动，以致感到右髋和
大腿外侧的肌肉被拉伸。

※ 拉紧这些肌肉，使双腿有向外打开的趋势，
保持5秒钟不动。

※ 放松；尽量向右前方移动左腿，使左髋关节
降低，骨盆向右侧或稍向前移动。

※ 重复上述动作直到感觉不能再进一步拉伸，
并且感到肌肉紧张为止，保持最后的拉伸动
作15秒到1分钟，甚至更长的时间。

拉伸位

☀ **拉伸要求**
1. 一般要以拉伸3~4周为一疗程，每天2次，每次5组练习。
2. 保持位置不动，尽量交叉双腿。

☀ **常见错误**
后背的下方向左侧屈曲；骨盆向前方旋转或是倾斜；右侧髋关
节屈曲；骨盆左侧没有降低，而且没有向右侧移动。

☀ **温馨提示**
1. 骨盆和躯干保持不动，只是髋关节移动。
2. 如果觉得跪位不舒服，这个训练也可以站立进行。

☀ **拉伸后效果检测**
交叉双腿，保持髋伸直，后侧腿稳定，上身向后侧腿一方旋转
无障碍。

特别提醒

髋关节自我拉伸 -16

40

◎ 紧张的肌肉

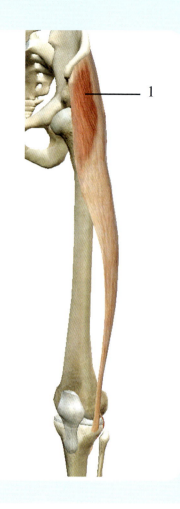

大腿外侧的肌肉：
1. 阔筋膜张肌

 你的不适

股骨大转子处及腿外侧酸痛不适。

 自我检查

交叉双腿站立，保持髋伸直，后侧腿稳定，上身向后侧腿一方旋转，后侧大腿外侧酸痛。

 准备设备

* 椅子或类似支持物。
* 垫子。

◎ 起始位置

左腿站立，右膝跪在椅座上，右手扶住椅背保持身体稳定，左手放在后背处抓握右脚，右腿下方向内旋，右髋关节向外旋，向左臀部牵拉右脚和腿的下方。后背伸直，降低骨盆的左侧，骶椎在两个腿部中间移动，使下腹部向脐部方向上提。

起始位

◎ 拉伸方法

※ 向左髋关节部牵拉右脚和腿的下方，左髋关节位置降低，以致感到右髋和大腿外侧的肌肉被拉伸。

※ 拉紧这些肌肉使双腿有向外打开的趋势，保持5秒钟不动。

※ 放松；向左髋关节部牵拉右脚和腿的下方达到极限，或是稍微超过一点极限。

※ 重复上述动作直到感觉不能再进一步拉伸，并且感到肌肉紧张为止，保持最后的拉伸动作15秒到1分钟，甚至更长的时间。

拉伸位

☀ 拉伸要求

一般以拉伸3~4周为一疗程，每天2次，每次5组练习。

☀ 常见错误

后背下方向左屈；骨盆前方旋或倾斜；右髋关节屈曲；骨盆左侧没降低，而且没有向右侧移动。

☀ 温馨提示

骨盆和躯干应该保持不动，只是髋关节移动。

☀ 拉伸后效果检测

交叉双腿，保持髋伸直，后侧腿稳定，上身向后侧腿一方旋转无障碍。

特别提醒

髋关节自我拉伸 -17

41

◎ **紧张的肌肉**

使腿外旋并朝髋关节方向外展的肌肉：1. 髂腰肌；2. 闭孔内肌；3. 闭孔外肌；4. 臀大肌；5. 臀中肌；6. 臀小肌；7. 梨状肌

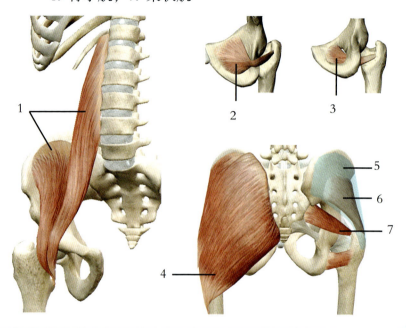

 你的不适

 自我检查

 准备设备

髋关节疼痛。

髋关节内旋困难。

* 结实稳固的椅子或是后背部分开放的长凳，或是类似垂直的支持物，可舒服地跪立的垫子。

◎ 起始位置

右膝和小腿部放在椅子座位上，使右踝部卡在椅子后背竖直边的内侧，脚部放在椅子座位的边沿，保持后背挺直。

起始位

◎ 拉伸方法

※ 左脚放椅子上，面朝右侧，向右旋上半身和骨盆，以致感到右髋关节被拉伸。

※ 右腿的下部向下压垫子，保持 5 秒钟。

※ 放松；骨盆向右旋转达极限，或稍微超过一点极限。

※ 重复上述动作直到感觉不能再进一步拉伸，并且感到肌肉紧张为止，保持最后的拉伸动作 15 秒到 1 分钟，甚至更长的时间。

拉伸位

☀ 拉伸要求

一般以拉伸 3~4 周为一疗程，每天 2 次，每次 5 组练习。

☀ 常见错误

背部下方向一侧屈；背下方和骨盆没作为一个整体单位移动。

☀ 温馨提示

1. 如果动作错误，膝关节会超负承重。如果感到右膝的内侧疼痛，立即停止牵拉，然后需要和治疗师或指导者一同检查拉伸动作是否正确。

2. 强烈的牵拉会引起髋关节的疼痛，如果出现这种情况，要减弱牵拉的力度，但作用时间应持久一些。

☀ 拉伸后效果检测

可使腿朝着髋关节的方向内旋 45°。
建议到康复医师或治疗师处就诊，明确诊断治疗，配合自我拉伸。

 特别提醒

髋关节自我拉伸 -18

42

◎ **紧张的肌肉**

使腿朝髋关节方向的内旋的肌肉：

1. 长收肌
2. 耻骨肌
3. 短收肌
4. 大收肌
5. 臀中肌
6. 臀小肌
7. 半腱肌
8. 半膜肌

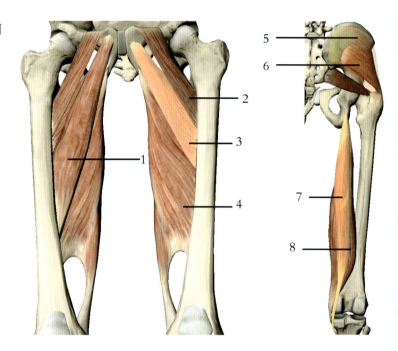

 你的不适

臀部酸痛，大腿外侧酸痛，膝关节内侧疼痛。

 自我检查

髋关节外旋困难。

 准备设备

＊ 结实稳固的椅子或有靠背分开放的长凳，或类似垂直的支持物，可舒服地跪位的垫子。

右膝和小腿部放在椅子座位上，使右踝部卡在椅子后背竖直边的外侧，脚部放在椅子座位的边沿，保持后背挺直。

起始位

◎ 拉伸方法

※ 左脚放在椅子左侧，朝前方，向右旋臀部和骨盆可感到右侧髋关节被拉伸。

※ 右腿的下部向下压垫子，保持 5 秒钟。

※ 放松；左脚放在椅子左侧，朝前方，骨盆和臀部向左旋转，使右腿向外旋转达到极限，或稍微超过一点极限。

※ 重复上述动作直到感觉不能再进一步拉伸，并且感到肌肉紧张为止，保持最后的拉伸动作 15 秒到 1 分钟，甚至更长的时间。

拉伸位

☀ 拉伸要求

一般以拉伸 3~4 周为一疗程，每天 2 次，每次 5 组练习。

☀ 常见错误

椅子滑动；腰背部向一侧屈。

☀ 温馨提示

1. 如果动作错误，膝关节会超负承重。如果感到右膝内侧疼痛，应立即停止牵拉，然后需要和治疗师或指导者一同检查拉伸动作是否正确。
2. 强烈牵拉会引起髋关节疼痛，那么减弱牵拉的力度使作用时间持久一些。
3. 这个练习也可以使髋关节屈曲。

☀ 拉伸后效果检测

可以使腿朝着髋关节的方向向外旋 45°。

特别提醒

第 2 节　膝关节自我拉伸

43

膝关节自我拉伸 -1

◎ 紧张的肌肉

不包括股直肌的股四头肌：

1. 股外侧肌
2. 股内侧肌
3. 股中间肌

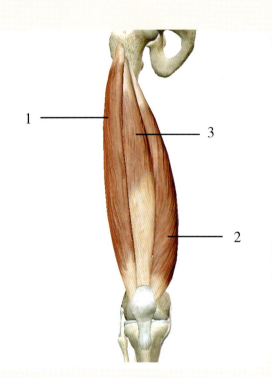

 你的不适

 自我检查

 准备设备

膝关节疼痛，下蹲困难，行走多膝关节容易肿胀。常见于中老年人。

屈曲膝关节困难。

* 有软垫的靠背椅子。

◎ 起始位置

右膝和胫部放在椅子座位上，脚放在椅子边，左脚放在地板上，右手扶住椅背。

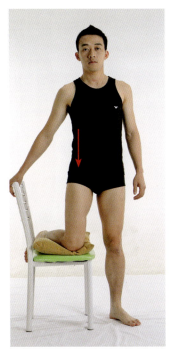

起始位

◎ 拉伸方法

※ 为了保护膝关节，大腿应朝膝关节的方向用力压使膝关节屈曲，并朝踝部坐下，可以感到右侧大腿前方被拉伸。

※ 压右腿抵抗座位，保持 5 秒钟。

※ 放松；朝膝关节方向压右大腿，坐下达到极限，或稍微超过一点极限。

※ 重复上述动作直到感觉不能再进一步拉伸，并且感到肌肉紧张为止，保持最后的拉伸动作 15 秒到 1 分钟，甚至更长的时间。

拉伸位

☀ 拉伸要求

一般以拉伸 3~4 周为一疗程，每天 2 次，每次 5 组练习。

☀ 常见错误

膝关节没有放在座位上；大腿朝着膝关节方向用力压时，使膝关节承受了过多的压力。

☀ 温馨提示

如果进行该练习膝关节疼痛加重，应立即停止锻炼。

☀ 拉伸后效果检测

从这个起始位置，可以没有困难地使右臀部接触到踝部。建议到康复医师或治疗师处就诊，明确诊断治疗，配合自我拉伸。

特别提醒

44 膝关节自我拉伸 -2

◎ **紧张的肌肉**

不包括股直肌的股四头肌的其中三个肌肉：

1. 股外侧肌
2. 股内侧肌
3. 股中间肌

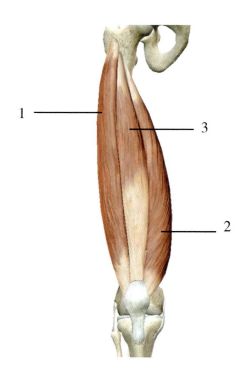

 你的不适

膝关节疼痛，以外侧痛为主，下蹲困难，行走多膝关节容易肿胀。常见于中老年人。

 自我检查

屈曲膝关节，腿的下部向外旋时困难。

 准备设备

* 有软垫的靠背椅子。

◎ 起始位置

右膝和胫部放在椅子座位上，脚放在椅子边，左脚放在地板上，右手放在椅子后背上。

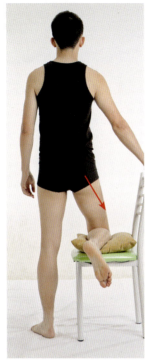

起始位

◎ 拉伸方法

※ 为了保护膝关节，大腿朝膝关节方向用力压以屈曲膝关节，朝右踝内侧坐下，以致感到右大腿前方和外侧被拉伸。

※ 压右腿下方抵抗座位，保持5秒钟。

※ 放松；朝膝关节方向压右大腿坐下达到极限，或稍微超过一点极限。

※ 重复上述动作直到感觉不能再进一步拉伸，并且感到肌肉紧张为止，保持最后的拉伸动作15秒到1分钟，甚至更长的时间。

拉伸位

☀ 拉伸要求

一般以拉伸3~4周为一疗程，每天2次，每次5组练习。

☀ 常见错误

膝关节没有放在座位上；膝关节没有完全屈曲下压。

☀ 温馨提示

1. 如果进行该练习膝关节疼痛加重，应立即停止锻炼。
2. 右侧髋部朝右踝内侧坐下，拉伸右大腿前侧和内侧肌群，朝右踝外侧坐下，拉伸右大腿前侧和外侧肌群。

☀ 拉伸后效果检测

从这个起始位置，可以使右臀部的中间位置容易接触到踝部。建议到康复医师或治疗师处就诊，明确诊断治疗，配合自我拉伸。

 特别提醒

123

45

膝关节自我拉伸 -3

◎ 紧张的肌肉

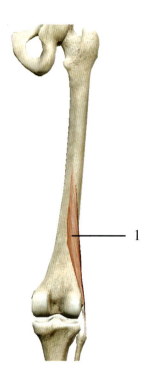

屈膝关节的其中一块肌肉：

1. 股二头肌短头

 你的不适

 自我检查

 准备设备

膝关节腘窝外侧疼痛。常见于中老年人。

膝关节伸直，腿的下部向内旋时困难。

* 椅子或其他合适的支持物。

◎ 起始位置

双手扶住椅子的后背以支撑身体，右膝稍微屈曲，使腿的下部和脚向内旋达到极限；左腿交叉放在右脚的前方，使左脚的脚趾放在右脚外侧的地上。使左侧小腿在右膝的下方抵抗胫部（小腿前）。伸直右膝以达到极限。

起始位

◎ 拉伸方法

※ 左膝伸直压住右膝向后，以致感到右膝后侧被拉伸。但不要让左脚在地板上滑动。

※ 右膝向前抵抗左腿，保持5秒钟。

※ 放松；左膝伸直，压右膝向后达到极限，或稍微超过一点极限。

※ 重复上述动作直到感觉不能再进一步拉伸，并且感到肌肉紧张为止，保持最后的拉伸动作15秒到1分钟，甚至更长的时间。

拉伸位

☀ 拉伸要求

一般以拉伸3~4周为一疗程，每天2次，每次5组练习。

☀ 常见错误

右腿的下方没有向内旋达到足够的程度；左脚在地板上滑动。

☀ 温馨提示

左侧小腿一定放在右膝下方即小腿前，抵抗胫部，才能拉伸到股二头肌短头。

☀ 拉伸后效果检测

腿的下部向内旋，可以伸直膝关节直到它向后有一点过伸。

特别提醒

46

膝关节自我拉伸 -4

◎ **紧张的肌肉**

腿下部朝着膝关节的方向屈曲的肌肉：
1. 腘肌

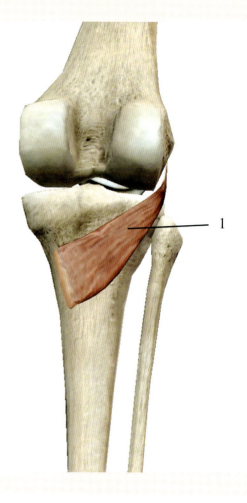

 **你的不适**

　　膝关节疼痛，膝关节活动有响声，关节易卡住，即交锁现象。常见于中老年人，有膝关节扭伤史的运动人员。

 **自我检查**

　　膝关节伸直，腿的下部向外旋时困难。

 **准备设备**

　　* 椅子或其他合适的支持物。

右脚站立在椅子的后方，双手扶在椅子的后背以支撑身体，右膝稍微屈曲，使腿的下部和脚向外旋达到极限，左腿交叉放在右脚的前方，使左脚的脚趾放在右脚外侧的地上。使左侧小腿在右膝的下方抵抗胫部。

起始位

◎ 拉伸方法

※ 左膝伸直压着右膝，并向后，以致感到右膝的后侧被拉伸。不要让左脚在地板上滑动。

※ 右膝向前抵抗左腿，保持 5 秒钟。

※ 放松；左膝伸直，压着右膝向后达到极限，或稍微超过一点极限。

※ 重复上述动作直到感觉不能再进一步拉伸，并且感到肌肉紧张为止，保持最后的拉伸动作 15 秒到 1 分钟，甚至更长的时间。

拉伸位

☀ **拉伸要求**

1. 一般以拉伸 3~4 周为一疗程，每天 2 次，每次 5 组练习。
2. 右脚和腿的下方向外旋以达到极限，伸直膝关节。

☀ **常见错误**

右腿的下方没有向外旋转达到足够的程度，左脚在地板上滑动。

☀ **温馨提示**

左侧小腿一定放在右膝前，抵抗膝前，才能拉伸到腘肌。

☀ **拉伸后效果检测**

腿的下部向外旋转，可以伸直膝关节直到它向后有一点过伸。

特别提醒

第 3 节　踝关节自我拉伸

47

踝关节自我拉伸 -1

◎ 紧张的肌肉

使踝关节背曲的肌肉：
1. 胫骨前肌
2. 趾长伸肌
3. 踇长伸肌

严重挛缩会影响到：
4. 趾短伸肌

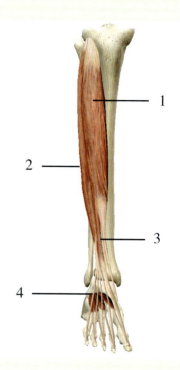

 你的不适

踝关节外侧疼痛。有踝关节扭伤史。

 自我检查

踝关节背伸 (踮脚尖或提脚后跟) 困难。

 准备设备

* 保护膝盖和脚的垫子。

◎ 起始位置

　　左脚半蹲，右膝、小腿和脚的上半部分放在垫子上，以使踝部向上背伸。手臂重叠放在左膝处以支撑身体。

起始位

◎ 拉伸方法

※ 右侧臀部向下压着右足跟，使右踝背伸（也可在脚踝处放一沙袋，可以起到附加效果），以使感到右侧小腿被拉伸。

※ 右脚向下压垫子，保持 5 秒钟。

※ 放松；向下坐，用臀压着足跟向下达到极限，或稍微超过一点极限。

※ 重复上述动作直到感觉不能再进一步拉伸，并且感到肌肉紧张为止，保持最后的拉伸动作 15 秒到 1 分钟，甚至更长的时间。

拉伸位

☀ 拉伸要求

1. 一般以拉伸 2~3 周为一疗程，每天 2 次，每次 5 组练习。
2. 保持位置不变，拉伸右踝达到极限。

☀ 常见错误

臀部或是垫子从足跟滑落；足跟向外旋。

☀ 温馨提示

如果训练中感到膝关节疼痛，可以放个沙袋在脚踝关节处。

☀ 拉伸后效果检测

可以伸直踝关节直到脚部和小腿形成一条直线。

特别提醒

48

踝关节自我拉伸 -2

◎ 紧张的肌肉

脚趾向上背伸的肌肉：

1. 姆趾长伸肌
2. 姆趾短伸肌
3. 趾长伸肌
4. 趾短伸肌
5. 第三腓骨肌
6. 胫骨前肌

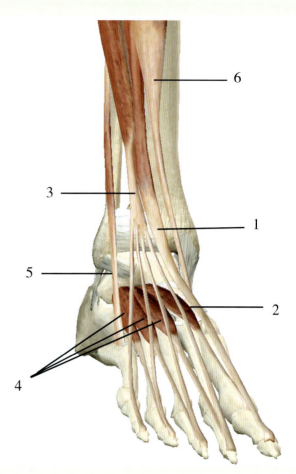

 你的不适

踝关节外侧疼痛。
有踝关节扭伤史。

 自我检查

跪位，踝背伸时，
屈曲脚趾困难。

 准备设备

* 用来保护膝盖或足的垫子。
* 小沙袋。

◎ 起始位置

左脚踩在地板上，右膝、胫骨和脚的背部放在垫子上，脚后跟向上，并且向内，右侧臀部放在右脚后跟上，如果这样不舒服的话，垫一个小沙袋在脚后跟处。左手扶在左膝上，右手抓紧右脚趾。

起始位

◎ 拉伸方法

※ 向脚底方向拉伸五个脚趾，沿着足背部直到右胫骨可感到被拉伸。

※ 用手指逆向按压脚趾；保持 5 秒钟。

※ 放松；并使脚趾向脚底方向屈曲至极限或更多一点。

※ 重复上述动作直到感觉不能再进一步拉伸，并且感到肌肉紧张为止，保持最后的拉伸动作 15 秒到 1 分钟，甚至更长的时间。

拉伸位

☀ 拉伸要求

1. 一般以拉伸 2~3 周为一疗程，每天 2 次，每次 5 组练习。
2. 脚趾屈曲至极限；抵抗手掌。

☀ 常见错误

脚后跟向外翻转；没有使所有脚趾屈曲。

☀ 拉伸后效果检测

可以伸直踝关节直到脚部和小腿形成一条直线时，应当可以适度屈曲脚趾。

特别提醒

49

踝关节自我拉伸 -3

紧张的肌肉

使脚趾向上背屈的肌肉：

1. 踇长伸肌
2. 踇短伸肌
3. 趾长伸肌
4. 趾短伸肌
5. 第三腓骨肌
6. 胫骨前肌

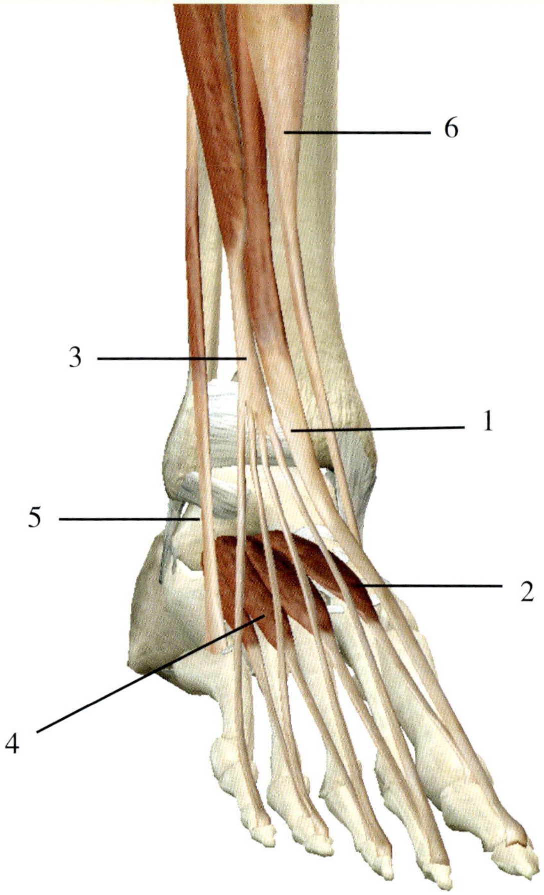

你的不适

踝关节外侧疼痛。有踝关节扭伤史。

自我检查

坐位，踝背伸时，屈曲脚趾困难。

准备设备

* 椅子或凳子。

两腿伸开坐在椅子上，右手扶着右膝盖，右脚放在椅子上，左手握住脚趾。

起始位

◎ 拉伸方法

※ 左手将脚趾向脚底方向拉动使足部伸直，沿足前和胫骨处会有拉伸感。

※ 用手指压足和脚趾向背伸。保持 5 秒钟。

※ 放松；伸直踝关节并将脚趾向脚底方向屈曲至极限，或更弯曲一点。

※ 重复上述动作直到感觉不能再进一步拉伸，并且感到肌肉紧张为止，保持最后的拉伸动作 15 秒到 1 分钟，甚至更长的时间。

拉伸位

☀ 拉伸要求

1. 一般以拉伸 2~3 周为一疗程，每天 2 次，每次 5 组练习。
2. 脚趾屈至极限，抵抗右手掌。

☀ 常见错误

踝关节向内翻转。

☀ 温馨提示

这是对那些在踝关节自我拉伸 -2 训练中感到跪位比较困难者准备的练习。

☀ 拉伸后效果检测

伸直踝关节直到脚部和小腿形成一条直线时，应当可以适度屈曲脚趾。

特别提醒

133

50

踝关节自我拉伸 -4

◎ 紧张的肌肉

小腿后群肌肉：1. 腓肠肌内侧头；2. 腓肠肌外侧头；
3. 比目鱼肌；4. 跖肌；5. 胫骨后肌

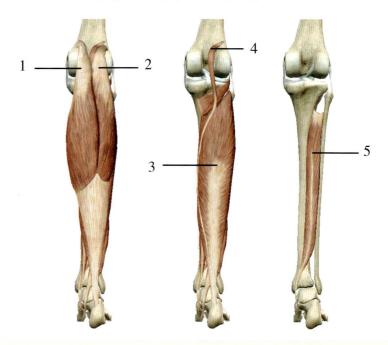

 你的不适

出现足跟痛，足跟后跟腱处疼痛，夜间小腿抽筋等现象。常见于中老年人。

 自我检查

向上背屈踝关节困难。

 准备设备

＊ 桌，椅子，墙或其他支撑物体。

　　椅子前站好，双手扶住椅背以支撑身体，向前屈左膝和左髋，保持右膝和右髋伸直，使右腿和躯干在一条直线上。

起始位

※ 屈曲左膝和左髋关节，用手臂的推力使右脚后跟挤压地面，向后逐渐移动，直到右脚跟要离开地面为止，小腿和膝后面肌肉会感到被拉伸。

※ 右脚趾向下挤压地面，保持5秒钟。

※ 放松；进一步屈曲左膝和臀部并且用脚后跟挤压地面。

※ 重复上述动作直到感觉不能再进一步拉伸，并且感到肌肉紧张为止，保持最后的拉伸动作15秒到1分钟，甚至更长的时间。

拉伸位

☀ 拉伸要求

1. 一般以拉伸2~3周为一疗程，每天2次，每次5组练习。
2. 右膝关节伸直，并使右踝关节极限屈曲。

☀ 常见错误

下背部前屈；下颌向前；右膝和髋关节屈曲。

☀ 温馨提示

1. 拉伸的感觉仅仅发生在小腿和膝关节后面的部位。
2. 这种拉伸动作对经常小腿抽筋疼痛的人有非常重要的作用。
3. 为了获得最佳效果，右脚应该随着肌肉拉伸的进程而逐渐向后移动。

☀ 拉伸后效果检测

在关节允许的范围内尽可能地向上背屈踝关节，小腿没有任何紧张感。

特别提醒

51

踝关节自我拉伸 -5

◎ **紧张的肌肉**

小腿肌肉：

1. 腓肠肌外侧头
2. 腓骨长肌
3. 腓骨短肌

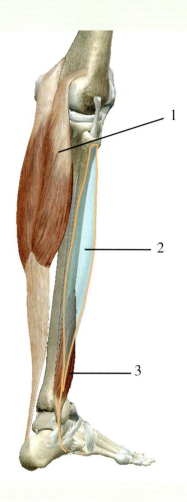

 你的不适

 自我检查

 准备设备

踝关节外侧疼痛。有踝关节内翻扭伤史。

保持膝伸直，足内翻时，向上屈踝关节困难。

* 桌，椅，墙或其他支撑物。
* 书或木板或其他可使足内侧缘抬高的坚固物体。

◎ 起始位置

站立位，身体向前倾，双手支撑上身，左脚离支撑物两三脚距离，右腿和臀与上身保持在同一条直线上，右脚往后伸，直到脚后跟接触不到地面，脚踇趾和大部分的内半足放在书或木板上。

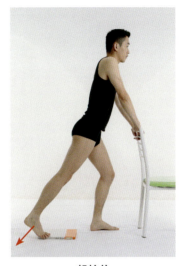

起始位

◎ 拉伸方法

※ 屈左膝髋，手臂推身体，右脚掌往下向书或地板方向运动，在膝的后外侧以及小腿后侧感到被拉伸。

※ 向下挤压足踇趾和足内侧缘；保持5秒钟。

※ 放松；进一步屈左膝和髋关节，用上臂推动身体，使右脚掌向下挤压书或物体的外侧边缘。

※ 重复上述动作直到感觉不能再进一步拉伸，并且感到肌肉紧张为止，保持最后的拉伸动作15秒到1分钟，甚至更长的时间。

拉伸位

☀ 拉伸要求

1. 一般以拉伸2~3周为一疗程，每天2次，每次5组练习。
2. 使足内侧缘不断升高直至脚底弯向内侧。膝关节伸直。屈曲踝关节至极限。

☀ 常见错误

腰背部呈拱形；下颌向前突出；右侧膝关节和髋关节屈曲；右足往外侧翻转；脚趾和脚掌没有放在书或木板上。

☀ 温馨提示

仅在小腿和膝关节后面有拉伸感。

☀ 拉伸后效果检测

在膝关节伸直的情况下，当足内翻时，在关节允许的范围内可以尽可能地向上屈曲踝关节，并且小腿不会有任何紧张感。

特别提醒

52

踝关节自我拉伸 -6

◎ 紧张的肌肉

小腿后三块肌肉：

1. 腓肠肌内侧头
2. 跖肌
3. 胫骨后肌

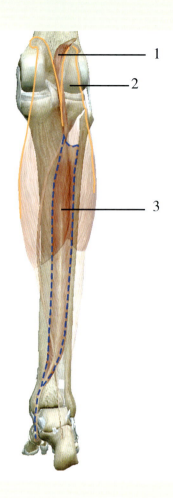

 你的不适

踝关节内踝处疼痛。
有踝关节外翻扭伤史。

 自我检查

保持膝关节伸直，
足外翻的同时，屈曲踝
关节困难。

 准备设备

* 桌，椅，墙或其他
支撑物。
* 书，木板或其他可
以抬高足的外侧缘的坚
固物体。

　　站立位，身体前倾，双手支撑上身，左脚离支撑物两三脚的距离，右腿和髋部伸直与上身同在一条直线上，右脚往后伸，直到脚后跟接触不到地面，外侧脚趾和大部分外侧脚掌放在书或木板上。

起始位

◎　拉伸方法

※ 屈左膝和髋关节，手臂推动身体，右脚掌挤压书或地板，膝关节后内侧和小腿感到被拉伸。

※ 右脚的外侧脚趾和外侧脚掌向下挤压；保持5秒钟。

※ 放松；进一步屈曲左膝和臀部，用上臂推动身体，使右脚掌向下挤压书或物体的内侧边缘。

※ 重复上述动作直到感觉不能再进一步拉伸，并且感到肌肉紧张为止，保持最后的拉伸动作15秒到1分钟，甚至更长的时间。

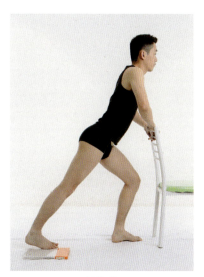

拉伸位

☀ 拉伸要求
1. 一般以拉伸2~3周为一疗程，每天2次，每次5组练习。
2. 使右侧足的外侧不断升高直至脚掌向外。膝关节伸直。踝关节背屈至极限。

☀ 常见错误
腰背部呈拱形；下颌向前突；右膝和髋关节屈曲；右足向内翻转；外侧脚趾没有放在书或物体上。

☀ 温馨提示
仅在小腿和膝关节后面有拉伸感。

☀ 拉伸后效果检测
在膝关节伸直和足外侧翻的情况下，可在关节允许的范围内尽可能地向上屈曲踝关节，且小腿和膝关节后侧无任何紧张感。

特别提醒

53

踝关节自我拉伸 -7

◎ 紧张的肌肉

指向足方向的肌肉：

1. 比目鱼肌
2. 腓骨长肌
3. 腓骨短肌
4. 胫骨后肌

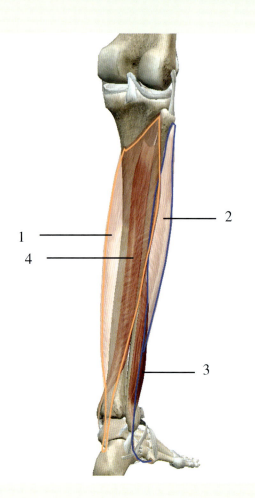

 你的不适

足外侧疼痛，足跟痛，可有夜间小腿抽筋。常见于中老年人。

 自我检查

膝关节屈曲时，背曲踝关节困难。

 准备设备

＊桌子，椅子，墙或其他支撑物。

站立位，身体前倾，双手臂支撑上身，左脚离支撑物一两脚的距离，右腿、臀部和上身保持在同一条直线上，右足在后面，足后跟放在地板上。

起始位

◎ 拉伸方法

※ 右脚后跟保持在地板上，屈曲右膝和臀部以致右小腿感到被拉伸。

※ 右脚掌向下挤压；保持5秒钟。

※ 放松；使脚跟贴在地板，屈曲右膝和髋部至极限，或更屈曲一点。

※ 重复上述动作直到感觉不能再进一步拉伸，并且感到肌肉紧张为止，保持最后的拉伸动作15秒到1分钟，甚至更长的时间。

拉伸位

☀ 拉伸要求

1. 一般以拉伸2~3周为一疗程，每天2次，每次5组练习。
2. 膝关节屈曲时，使踝关节完全屈曲至极限。

☀ 常见错误

右脚后跟抬高离开地面；右膝关节伸直。

☀ 温馨提示

应该仅在小腿处感到被拉伸。

☀ 拉伸后效果检测

屈曲膝关节时，可以在关节允许的范围内尽可能地向上屈曲踝关节，小腿肌肉不会阻碍此运动。

特别提醒

54

踝关节自我拉伸 -8

◎ 紧张的肌肉

小腿三头肌肉：

1. 比目鱼肌
2. 胫骨后肌

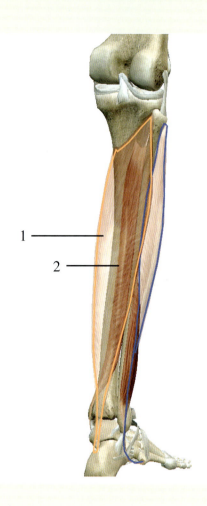

 你的不适

足跟痛，可伴有夜间小腿抽筋。常见于中老年人。

 自我检查

屈膝关节时，同时屈踝，使足内侧翻困难。

 准备设备

* 桌子，椅子，墙或其他支撑物。

* 书或木板或其他可使足外侧抬高的坚固物体。

◎ 起始位置

　　站立位，身体前倾，双手臂支撑上身，左膝和髋屈曲；左足离支撑物两三脚的距离，右腿、臀与上身在同一条直线上，右脚在后，足内侧缘踩在书或木板上。

起始位

◎ 拉伸方法

※ 屈曲右膝关节和髋关节，右腿的小腿内侧和后侧会感到被拉伸的感觉。

※ 右足内侧向下踩压木板；保持 5 秒钟。

※ 放松；右足内侧向下用力挤压书或木板；右踝背屈和左髋屈曲至极限或更多一点。

※ 重复上述动作直到感觉不能再进一步拉伸，并且感到肌肉紧张为止，保持最后的拉伸动作 15 秒到 1 分钟，甚至更长的时间。

拉伸位

☀ 拉伸要求

1. 一般以拉伸 2~3 周为一疗程，每天 2 次，每次 5 组练习。
2. 屈曲右膝关节，并且抬高右足的外侧直至脚掌向外翻转。

☀ 常见错误

腰背部呈拱形；下颌前伸；右膝屈曲不够；右足和踇趾外侧缘没放在书或木板上。

☀ 温馨提示

应该仅在小腿的内侧和后侧感觉到被拉伸。

☀ 拉伸后效果检测

伴随着屈曲膝关节和足外侧向上翻转，可以在关节允许的范围内尽可能地向上背屈踝关节，并且小腿肌肉没有任何紧张的感觉。

特别提醒

第 4 节　足趾关节自我拉伸

55

足趾关节自我拉伸 -1

◎ **紧张的肌肉**

屈曲脚趾的肌肉：
1. 跗长屈肌
2. 趾短屈肌
3. 趾长屈肌
4. 跗短屈肌
5. 蚓状肌

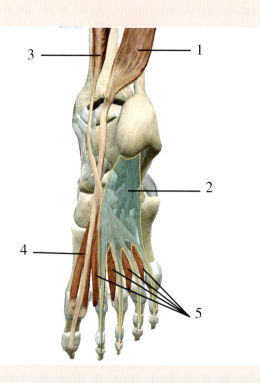

 你的不适

足掌前疼痛，行走时疼痛明显。常见于高弓足的人。

 自我检查

背屈脚趾困难。

 准备设备

* 垂直地面的物体，10~20 厘米高，如楼梯台阶等。

* 墙，椅子或其他合适的支持物。

起始位置

双手扶住椅子或墙上保持上身的平衡；右足放在地板上，脚趾对抗垂直面向上背屈至极限；左足支撑重心，右脚后跟踩实。

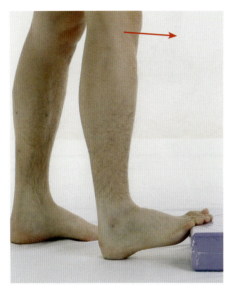

起始位

拉伸方法

※ 屈曲右膝并向前推动，脚掌和小腿肌肉会感到被拉伸。

※ 使脚趾挤压垂直面；保持 5 秒钟。

※ 放松；屈曲右膝并向前推动至极限，不能使脚后跟离开地面。

※ 重复上述动作直到感觉不能再进一步拉伸，并且感到肌肉紧张为止，保持最后的拉伸动作 15 秒到 1 分钟，甚至更长的时间。

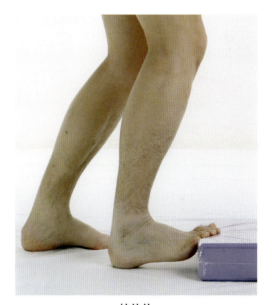

拉伸位

☀ 拉伸要求

1. 一般以拉伸 2~3 周为一疗程，每天 2 次，每次 5 组练习。
2. 向上背屈脚趾和踝关节至极限。

☀ 常见错误

垂直面过高；脚后跟离开地面，脚趾没有足够地向上背屈。

☀ 温馨提示

1. 该动作对舞蹈演员、赛跑运动员、跳跃运动员以及经常使用脚后跟导致小腿和足部抽筋疼痛的人员非常有用。
2. 平足的人应该用拱形的支撑物做这种练习。

☀ 拉伸后效果检测

当踝关节向上背屈时，脚趾也可以向上背屈。

特别提醒

56

足趾关节自我拉伸-2

◎ 紧张的肌肉

姆趾向内运动的肌肉：

1. 姆收肌
2. 姆短屈肌（腓侧）
3. 姆短屈肌（胫侧）

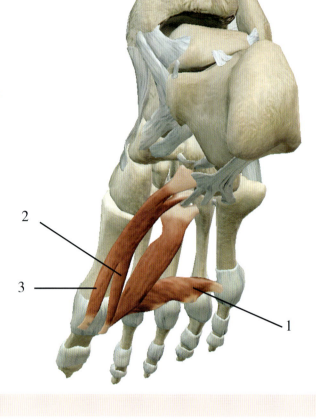

 你的不适

足掌前尤其姆趾处疼痛，行走时疼痛明显。常见于姆外翻的人。

 自我检查

姆趾向远离其他脚趾方向移动困难。

 准备设备

＊椅子或凳子。

◎ **起始位置**

坐在椅子或凳子上，右足跟放在会阴处，右膝放在椅子外侧。右手扶住右膝，左手抓握右踇趾。

起始位

◎ **拉伸方法**

※ 右手保持右脚稳定，左手向上外拉动右踇趾，感到右踇趾和足底被拉伸。

※ 试着用右踇趾向下用力；抵抗左手；保持5秒钟。

※ 放松；向上外拉动右踇趾至极限。

※ 重复上述动作直到感觉不能再进一步拉伸，并且感到肌肉紧张为止，保持最后的拉伸动作15秒到1分钟，甚至更长的时间。

拉伸位

☀ **拉伸要求**

1. 一般以拉伸2~3周为一疗程，每天2次，每次5组练习。
2. 足踇趾向外移动至极限。
3. 用左手轻轻对抗。

☀ **常见错误**

踇趾向上拉伸幅度不够；右手没有保持足部的稳定。

☀ **温馨提示**

1. 该动作对经常穿着不合适鞋子的人很有效。
2. 该练习也可以站着做。左脚后跟踩在右踇趾上保持大踇趾的稳定。然后右足向后拉。为了增加效果，右腿逐渐向外转动（脚后跟向内），当右足向后拉动时，踇趾和其他脚趾之间的距离会增加至极限。

☀ **拉伸后效果检测**

踇趾可以远离其他的脚趾。

特别提醒

147

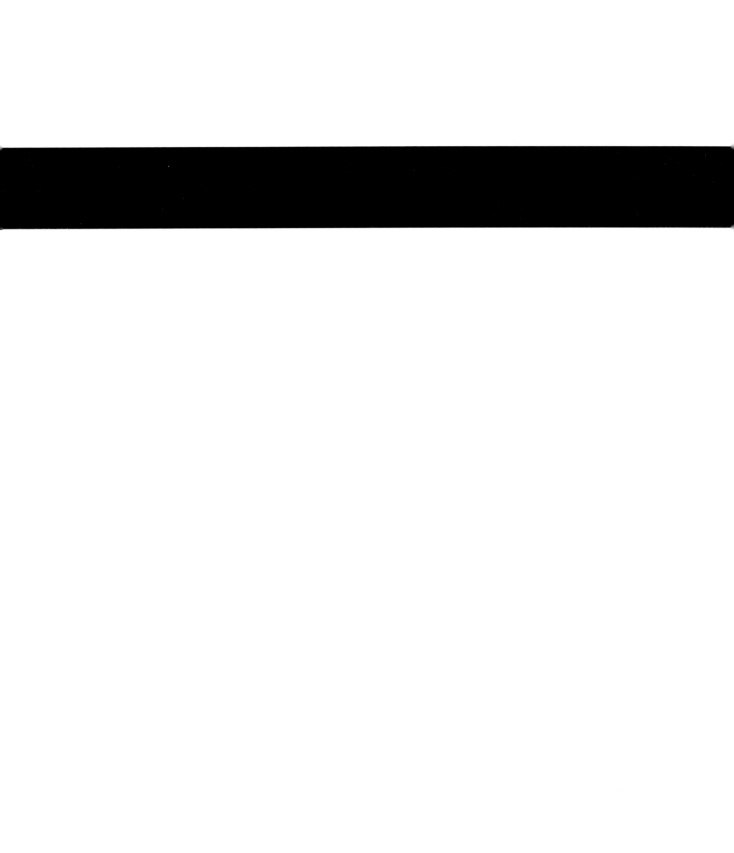

第5章

面颈部肌肉的自我拉伸

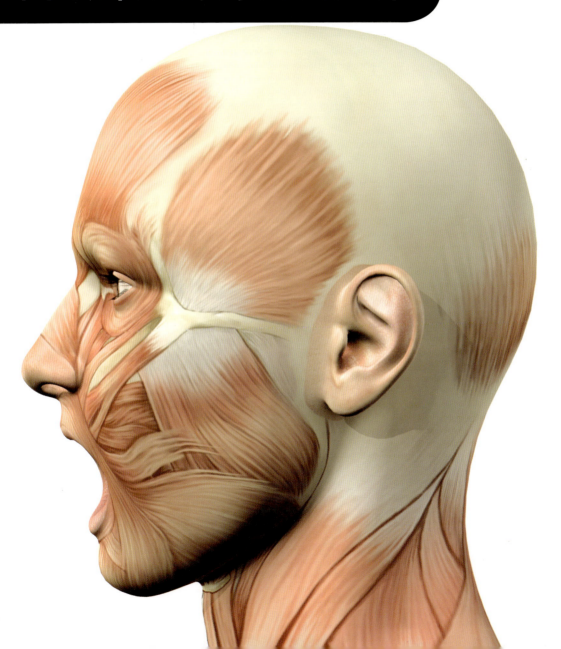

颈椎

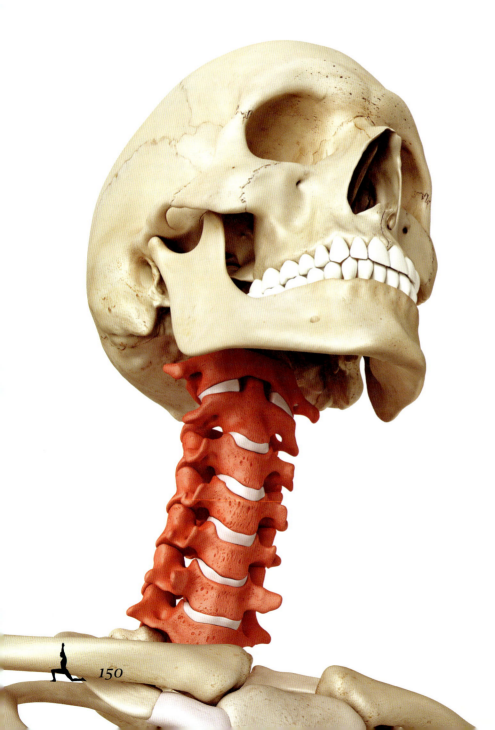

这一章将对一些颈部的练习分别进行加以描述。每一个部位都是一对邻近的椎骨。(以成对的方式来描述它们,是为了更清晰地阐述它们之间是怎么相互运动的)。最上一对是头骨和第一颈椎骨(寰椎),枕骨坐在寰椎上。接下来是第一和第二颈椎骨(寰椎和枢椎),第一颈椎骨在第二颈椎骨之上。然后是第二和第三颈椎骨,枢椎在第三颈椎之上。以此类推。颈椎的最后一节在第一胸椎上方,即第七颈椎,是颈部与背部的结合部位。第七颈椎的棘突最长,可以作为人体解剖标志在颈部被摸到。

颈椎的运动比背部其他部位的运动更加复杂。它周围的组织相对来说更加缺少保护,更容易受到损伤,很小的事故或不小心的运动都会引起损伤。

前两块椎骨与其他的椎骨不同。

第一块叫作寰椎，它以双肩支撑头颅，没有椎体和棘突。寰椎支撑头颅的枕骨部。

第二颈椎骨称作枢椎，枢椎有一个刺状结构，与寰椎前弓形成旋转关节。寰椎和枢椎一起可以使头部向不同的方向运动，增加了头部活动的范围。

注意：我们既可以做左侧的练习，也可以做右侧的练习。这里我们只讲右侧的练习。当你想做左侧的运动时，所有的描述和图片只需要左右全部交换即可。

通过下表，可根据部位查找你的麻烦所在。

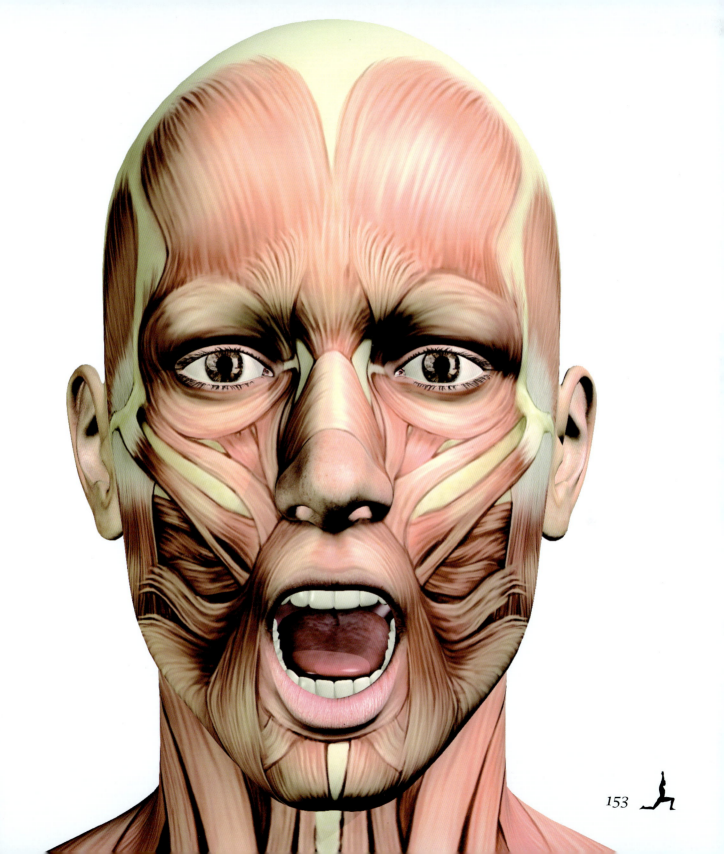

153 🏃

第1节　颈椎关节自我拉伸

颈椎关节自我拉伸 -1

57

◎ 紧张的肌肉

所有使头和颈部
向后运动的肌肉：
1. 斜方肌上部
2. 头夹肌
3. 半棘肌
4. 髂肋肌
5. 多裂肌
6. 回旋肌

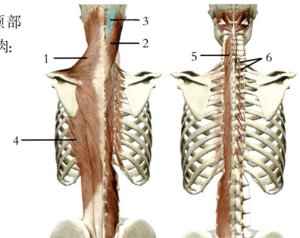

 你的不适

颈部疼痛不适，伴有颈部低头活动不灵活。

 自我检查

向前屈头部和颈部时困难，下颌难以碰到胸骨部。

 准备设备

* 带靠背的椅子。

　　背靠在椅子上坐稳；双手交叉紧握放在头枕部，肘尖指向前方。

起始位

◎ 拉伸方法

※ 眼向下注视；头和颈部向前屈曲，可感到头颈后部、背部的肌肉被拉伸。

※ 向上抬头；头部对抗手的力量；保持 5 秒钟。

※ 放松；眼向下注视并屈颈部和头部至极限。

※ 重复上述动作直到感觉不能再进一步拉伸，并且感到肌肉紧张为止，保持最后的拉伸动作 15 秒到 1 分钟，甚至更长的时间。

拉伸位

☀ 拉伸要求

1. 一般以拉伸 3~4 周为一疗程，每天 2 次，每次 5 组练习。
2. 下颌放松；张嘴；回收下颌。
3. 头和颈部向前屈曲至极限。

☀ 常见错误

下颌向前；肘尖没指向前方；下颌没有放松；背部没有倚在椅子后背上。

☀ 温馨提示

应该仅在颈部后面感到被拉伸。如果头部、咽喉、肩膀、胳膊或身体任意一部分感到不舒服或疼痛，立即停止拉伸。

☀ 拉伸后效果检测

在背部有支撑的情况下，下颌可以够到胸部。
建议患者到康复医师或治疗师处明确诊断和治疗，配合自我拉伸锻炼。

特别提醒

颈椎关节自我拉伸 -2

58

◎ **紧张的肌肉**

寰椎上使头后仰的主要肌肉：
1. 头后小直肌
2. 头上斜肌

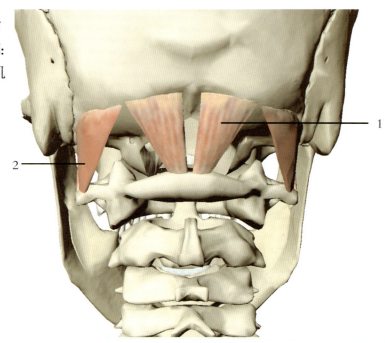

1

2

 **你的不适**

 自我检查

 准备设备

　　头痛，从枕区向前放散到眶区。点头动作时颈后疼痛。

　　当颈中下部固定不动时，点头动作难以完成。

* 带靠背的椅子。

◎ 起始位置

背靠在椅子上坐稳。右手紧握颈部，小指放在第一颈椎上，即头骨背部的凹陷处。右手的其余手指稳定颈部。左手放在头顶上，双肘尖指向前方。

起始位

◎ 拉伸方法

※ 低头，收下颌，头慢慢向前屈曲，使颈上部感到被拉伸。该运动仅发生在右小指放置的位置之上。

※ 抬头，头部对抗左手的力量；保持5秒钟。

※ 放松；低头，下颌回收，头部向前屈曲至极限；左手轻轻向下压以协助头部前屈。

※ 重复上述动作直到感觉不能再进一步拉伸，并且感到肌肉紧张为止，保持最后的拉伸动作15秒到1分钟，甚至更长的时间。

拉伸位

☀ 拉伸要求

1. 一般以拉伸3~4周为一疗程，每天2次，每次5组练习。
2. 保持右手紧握，左手放松，低头。
3. 放松下颌；慢慢张开嘴；下颌回收；颈部对抗右手的力量。
4. 向前屈曲头部至极限。运动只发生在右手小指稍以上的部位。

☀ 常见错误

右手在颈部太向下或右手握颈不够牢固；下颌没有足够地回收；肘尖没有指向前方；下颌没有放松。

☀ 温馨提示

仅在颈部后面感到被拉伸，如果头、咽喉、肩膀、胳膊或身体的任意一部分感到不舒服或疼痛，立即停止拉伸。

☀ 拉伸后效果检测

当颈中下部固定不动时，能够完成点头动作。建议患者到康复医师或治疗师处明确诊断和治疗，配合自我拉伸锻炼。

特别提醒

59

颈椎关节自我拉伸 -3

◎ 紧张的肌肉

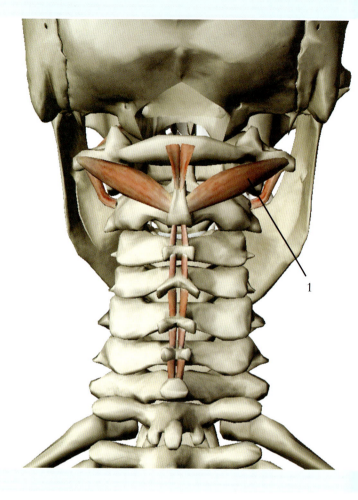

颈向后倾的短肌：

1. 头下斜肌

 你的不适

枕下区、颈肩部疼痛。

 自我检查

颈部固定不动，拉动下颌做向下点头的动作，难以完成。

 准备设备

* 带靠背的椅子。

◎ 起始位置

背靠椅子坐稳。左手放在颈部后面，食指压第二颈椎棘突，即头骨背部凹陷部位下的突起。左手其他手指稳定第二颈椎以上部分。右手放左手下面，小指压第三颈椎，右手其他手指保持第三颈椎以下部位的稳定。

起始位

☀ 拉伸要求
1. 一般以拉伸3~4周为一疗程，每天2次，每次5组练习。
2. 保持右手紧握，放松左手，低头。
3. 放松下颌；慢慢张嘴，下颌回收，颈部回收对抗右手的力量。
4. 头部前屈曲至极限；运动只发生在右手小指梢以上的部位。
5. 前额对抗左手的力量。

☀ 常见错误
右手放在颈部的位置太往下，右手没抓紧导致不稳定；下颌没有足够地回收；肘尖没有指向前方；头部转动；肩膀和胸部向前倾斜；下颌没有放松。

☀ 温馨提示
1. 该练习同样可以用来做整个颈部的练习。从上面往下到第七颈椎，双手依照次序慢慢运动。
2. 仅应该在颈部后面会感到被拉伸。如果头部，咽部，胳膊，或身体的任意其他部位感到不舒服或疼痛的话，立即停止该动作。

☀ 拉伸后效果检测
颈部固定不动，可以通过拉动下颌向下点头达到很大幅度。建议患者到康复医师或治疗师处明确诊断和治疗，配合自我拉伸锻炼。

◎ 拉伸方法

※ 低头，下颌回收，头慢慢前屈，动作似点头，上颈部可感到被拉伸，屈曲动作全部发生在右小指上方。

※ 抬头，头对抗左手力量，保持5秒钟。

※ 放松；低头，下颌回收，头向前屈至极限，左手可轻微拉动以辅助头部前屈。

※ 重复上述动作直到感觉不能再进一步拉伸，并且感到肌肉紧张为止，保持最后的拉伸动作15秒到1分钟，甚至更长的时间。

拉伸位

特别提醒

颈椎关节自我拉伸 -4

◎ 紧张的肌肉

使颈部向后侧方屈曲和旋转的肌肉：1. 胸锁乳突肌；
2. 斜角肌；3. 头后大直肌；4. 头下斜肌；5. 颈夹肌；
6. 头夹肌

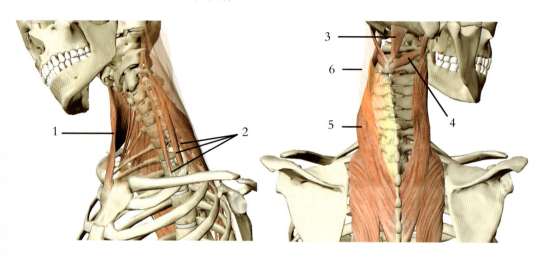

你的不适

颈背部疼痛不适，转头时颈部僵硬。

自我检查

以右侧为例，头向右旋转，下颌不能触碰到锁骨。

准备设备

* 带靠背的椅子。

◎ 起始位置

背靠在椅子上坐稳，右手放在头颈部。

起始位

◎ 拉伸方法

※ 向右下肩方向低头，头颈部向前向下屈曲，颈背部和头部左侧区可感到被拉伸。

※ 向左上侧抬头对抗右手掌和前臂的力量；保持 5 秒钟。

※ 放松；向右向下低头，头颈部向右前下屈曲至极限。

※ 重复上述动作直到感觉不能再进一步拉伸，并且感到肌肉紧张为止，保持最后的拉伸动作 15 秒到 1 分钟，甚至更长的时间。

拉伸位

❋ 拉伸要求

1. 一般以拉伸 3~4 周为一疗程，每天 2 次，每次 5 组练习。
2. 右手放松，向右后下侧注视。
3. 放松；慢慢张嘴，下颌回收。
4. 头颈部向右前下屈曲至极限。
5. 前额对抗右手的力量。

❋ 常见错误

下颌向前；背部离开椅子的后靠背；身体向前屈曲，向右侧屈曲与旋转等动作的运动幅度太小；下颌没有放松。

❋ 温馨提示

应该在颈部后面和左侧胸锁乳突肌处感到被拉伸。如果头部，咽部，胳膊，或身体的任意其他部位感到不舒服或疼痛的话，立即停止拉伸。

❋ 拉伸后效果检测

以右侧为例，头向右旋转，下颌能触碰到锁骨。建议患者到康复医师或治疗师处明确诊断和治疗，配合自我拉伸锻炼。

特别提醒

61

颈椎关节自我拉伸 -5

◎ 紧张的肌肉

第二和三颈椎间使颈向
后和向侧方旋的肌肉：

1. 头下斜肌
2. 多裂肌
3. 颈半棘肌
4. 棘突间肌
5. 头棘肌
6. 颈回旋肌

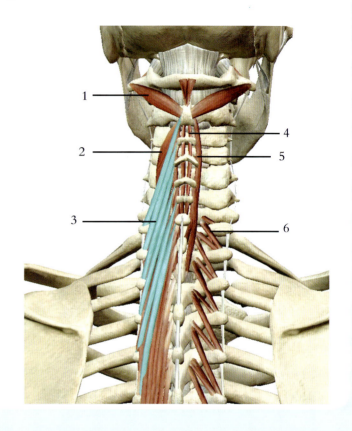

 你的不适

颈部疼痛，颈部屈
曲时转动不灵活。

 自我检查

坐直，以右侧为例，
头向右旋转，再向左前
屈困难。

 准备设备

* 带靠背的椅子。

背靠椅子坐稳。左手放于头后，食指放在第二颈椎处（头骨后凹陷的底部，可感觉到突起处）。左手其他手指稳定第二颈椎以上的部位。右手在左手下方，小指放在第

起始位

三颈椎处，并触摸到左手食指；右手的其他手指用来稳定第三颈椎以下的部分。

◎ 拉伸方法

※ 向右下低头；下颌回收，头部向右旋和向右前屈，使第二和三颈椎周围感到被拉伸。运动仅发生在右手小指以上的部位。

※ 向左上方抬头，头部对抗右手的力量；保持5秒钟。

※ 放松；向右下低头，用左手慢慢用力，使头部向前并向右旋，下颌稍回收。

※ 重复上述动作直到感觉不能再进一步拉伸，并且感到肌肉紧张为止，保持最后的拉伸动作15秒到1分钟，甚至更长的时间。

拉伸位

☀ 拉伸要求
1. 一般以拉伸3~4周为一疗程，每天2次，每次5组练习。
2. 保持右手紧握；放松左手；向右下低头。
3. 放松下颌；慢慢张嘴，回收下颌；颈部后面对抗右手的力量。
4. 头向右前屈曲并向右转动至极限。运动只发生在右手小指梢以上的部位。
5. 前额对抗左手的力量，保持姿势几秒钟。

☀ 常见错误
右小指和左食指没靠在一起；右手不稳固，随着运动不断移动；下颌没足够回收，并且下颌没放松。

☀ 温馨提示
1. 该练习同样可以用于颈部其他部位。即从第一颈椎到第七颈椎。仅需要双手依次往下运动。
2. 仅应该在颈部感到被拉伸。如果头部、咽部、肩膀、胳膊或身体的任意其他部位感到不舒服或疼痛的话，立即停止拉伸。

☀ 拉伸后效果检测
坐直，以右侧为例，头向右旋转，再向左前屈无障碍。建议患者到康复医师或治疗师处明确诊断和治疗，配合自我拉伸锻炼。

特别提醒

颈椎关节自我拉伸 -6

62

◎ 紧张的肌肉

使头颈部向前屈曲的肌肉：1. 胸锁乳突肌；2. 斜角肌；3. 头长肌；4. 颈长肌

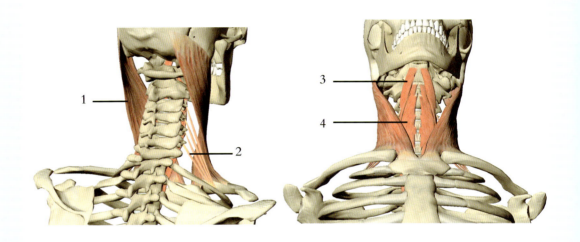

 **你的不适**

 自我检查

 准备设备

　　耳下方疼痛，可能伴有喉区、颈前、下门牙的疼痛，也可能出现吞咽困难。

　　头向后仰困难，面部与天花板形成的角度大于 10°。

　　* 带靠背的椅子。

◎ 起始位置

　　背靠在椅子上坐稳，双手托住下颌，手指向上沿着面颊到耳朵。

起始位

◎ 拉伸方法

※ 向后上抬头；头颈向后屈曲，使颈前部感到被拉伸。

※ 低头，用下颌对抗手掌的力量；保持 5 秒钟。

※ 放松；向后上抬头，头颈部向后屈曲至极限；双手可以轻微推动帮助练习。

※ 重复上述动作直到感觉不能再进一步拉伸，并且感到肌肉紧张为止，保持最后的拉伸动作 15 秒到 1 分钟，甚至更长的时间。

拉伸位

☀ 拉伸要求

1. 一般以拉伸 3~4 周为一疗程，每天 2 次，每次 5 组练习。
2. 双手对抗向后仰的运动。

☀ 温馨提示

仅在颈前部感到肌肉被拉伸。如果头部、咽部、肩膀、胳膊或身体的任意其他部位感到不舒服或疼痛的话，立即停止拉伸。

☀ 拉伸后效果检测

头向后仰，面部与天花板形成的角度小于 10°。
建议患者到康复医师或治疗师处明确诊断和治疗，配合自我拉伸锻炼。

特别提醒

63

颈椎关节自我拉伸 -7

◎ **紧张的肌肉**

枢椎上使寰椎向前屈的肌肉：

1. 头长肌
2. 颈长肌

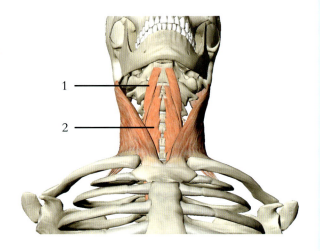

 你的不适

头颈疼痛，可能向喉区、颈前和口传导疼痛。

 自我检查

颈部固定，头向后仰困难。

 准备设备

* 带靠背的椅子。

　　背靠椅子坐稳，颈部轻微屈曲。右手放在颈部后面，小指压住第二颈椎，即头骨后凹陷的底部，可以感觉到突起。右手的其他手指支撑颈部。左手压前额，肘尖指向前方。

起始位

◎ 拉伸方法

※ 向上抬头；放松下颌，头部往后仰，颈部上端感到被拉伸。运动仅发生在右手小指以上的部位。

※ 低头，前额对抗左手的力量；保持5秒钟。

※ 放松；抬头；在左手的轻微推动下使头部往后仰至极限。

※ 重复上述动作直到感觉不能再进一步拉伸，并且感到肌肉紧张为止，保持最后的拉伸动作15秒到1分钟，甚至更长的时间。

拉伸位

☀ 拉伸要求

1. 一般以拉伸3~4周为一疗程，每天2次，每次5组练习。
2. 保持右手紧握；右于放在颈部的后面，用来阻止向后的运动。
3. 慢慢张开嘴，放松下颌，头部往后仰至极限。运动仅仅发生在右手小指以上的部位。

☀ 常见错误

右手小指没有放在第二颈椎上；下颌没有放松。

☀ 温馨提示

仅在颈部上端会感到被拉伸。如果头部、咽部、肩膀、胳膊或身体的任何其他部位感到不舒服或疼痛的话，立即停止拉伸。

☀ 拉伸后效果检测

颈部固定，头部可向后仰。
建议患者到康复医师或治疗师处明确诊断和治疗，配合自我拉伸锻炼。

特别提醒

颈椎关节自我拉伸 -8

64

◎ 紧张的肌肉

使颈部向侧前方旋转和屈曲的肌肉：1. 胸锁乳突肌；
2. 斜角肌；3. 颈长肌

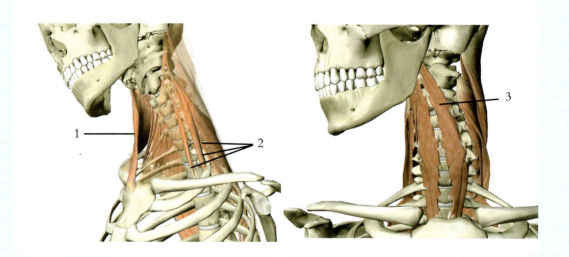

 你的不适

头、颈部疼痛，可伴有喉咙痛。也可出现上臂痛，手麻。

 自我检查

头向后仰，向右旋转难以看到后背。

 准备设备

* 带靠背的椅子。

◎ 起始位置

　　背靠在椅子上坐稳。右手放在头的顶部，手指放在头部左侧。

起始位

◎ 拉伸方法

※ 头向右旋转的同时头颈部向右后仰。颈前和颈部左侧会感到被拉伸。

※ 向左上抬头对抗右手的力量；保持5秒钟。

※ 放松；头部向右旋转至极限的同时，向右后侧仰，右手可轻微拉动。

※ 重复上述动作直到感觉不能再进一步拉伸，并且感到肌肉紧张为止，保持最后的拉伸动作15秒到1分钟，甚至更长的时间。

拉伸位

☀ 拉伸要求

1. 一般以拉伸3~4周为一疗程，每天2次，每次5组练习。
2. 头部向右后运动并且向右旋转至极限，右手对抗运动。

☀ 常见错误

右手在头顶滑动；后仰，侧向运动，旋转等动作运动幅度太小。

☀ 温馨提示

仅应该在颈部感到被拉伸。如果头部，咽部，肩膀，胳膊或身体的任何其他部位感到不舒服或疼痛的话，立即停止拉伸。

☀ 拉伸后效果检测

头部向后仰，向右旋转可以看到后背。
建议患者到康复医师或治疗师处明确诊断和治疗，配合自我拉伸锻炼。

特别提醒

颈椎关节自我拉伸 -9

65

◎ **紧张的肌肉**

颈部上段向侧前方旋转和屈曲的肌肉：

1. 头上斜肌；2. 头后大直肌；3. 头下斜肌；4. 头长肌；

5. 颈长肌

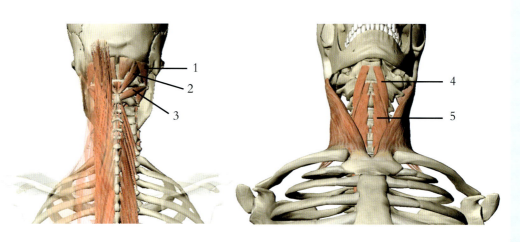

 你的不适

 自我检查

 准备设备

颈背痛，上臂痛，手麻。可伴有耳下部疼痛。

以右侧为例，头和颈部向右旋，再向左侧后仰困难。

* 带靠背的椅子。

◎ 起始位置

背靠在椅子上坐稳。右手放颈部后面，小指放在第二颈椎下（即头骨后凹陷下，可摸到的突起），左手掌托起左侧下颌。

起始位

◎ 拉伸方法

※ 头向右旋转的同时，头颈部向左后屈曲。运动仅发生在右手小指以上的部位。颈部会感到被拉伸。

※ 下颌对抗左手的力量；保持5秒钟。

※ 放松；向右后上方注视。头部向右旋转至极限，同时向左后侧屈曲，左手可以轻微推动。

拉伸位

※ 重复上述动作直到感觉不能再进一步拉伸，并且感到肌肉紧张为止，保持最后的拉伸动作15秒到1分钟，甚至更长的时间。

☀ 拉伸要求

1. 一般以拉伸3~4周为一疗程，每天2次，每次5组练习。
2. 保持右手紧握；左手推动右侧下颌移动。

☀ 常见错误

右手小指从第二颈椎滑下；颈部后仰，侧曲等动作运动幅度太小；头部向左侧屈曲幅度太大，造成头部不能向右侧旋转；背部没有倚在椅子上。

☀ 温馨提示

应仅在颈部感到被拉伸。如果头部、咽部、肩膀、胳膊或身体的任何其他部位感到不舒服或疼痛，立即停止拉伸。

☀ 拉伸后效果检测

以右侧为例，头和颈部向右旋，再向左侧后仰无障碍。建议患者到康复医师或治疗师处明确诊断和治疗，配合自我拉伸锻炼。

特别提醒

颈椎关节自我拉伸 -10

66

◎ 紧张的肌肉

使头颈后仰和旋转的肌肉：1. 后斜角肌

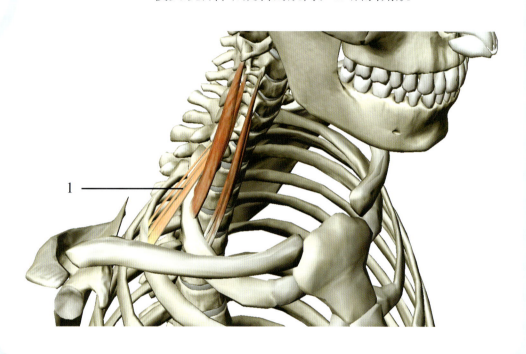

1

你的不适

自我检查

准备设备

颈肩后部疼痛。

以右侧为例，头颈部向左侧旋转的同时，向左前屈困难，下颌无法靠近胸部。

* 带靠背的椅子。

背部挺直坐好，颈部放松。近臀部位置，右手抓住椅子。左手放在颈部的右侧，手指指向左侧并放在颈后部。躯干向左前方倾斜，右胳膊伸直，右侧肩膀下垂。

起始位

◎ 拉伸方法

※ 双眼注视左下。呼气，头部向左侧旋转的同时头颈部向左屈，同时慢慢向前运动。

※ 吸气；下颌回收并注视右后方。颈部向右后方对抗左手的力；保持5秒钟。

※ 放松；双眼注视左下。呼气；在左手帮助下，头部向左旋到极限，头颈部向左前侧屈曲。

※ 重复上述动作直到感觉不能再进一步拉伸，并且感到肌肉紧张为止，保持最后的拉伸动作15秒到1分钟，甚至更长的时间。

拉伸位

☀ 拉伸要求

1. 一般以拉伸3~4周为一疗程，每天2次，每次5组练习。
2. 头颈部向左前运动至极限。左手对抗运动。

☀ 常见错误

躯干没有向左前方倾斜。右手移动。

☀ 温馨提示

仅在颈部右侧感到被拉伸。如果头部、咽部、肩膀、胳膊或身体的任意其他部位感到不舒服或疼痛的话，立即停止拉伸。

☀ 拉伸后效果检测

以右侧为例，头颈部向左旋转的同时，可以向前屈曲，直至下颌靠近胸部。建议患者到康复医师或治疗师处明确诊断和治疗，配合自我拉伸锻炼。

特别提醒

第 2 节　颞颌关节自我拉伸

颞颌关节自我拉伸 -1

67

◎ **紧张的肌肉**　相关的咀嚼肌：1. 颞肌；2. 咬肌；3. 左侧的外侧翼状肌；4. 右侧的内侧翼状肌。

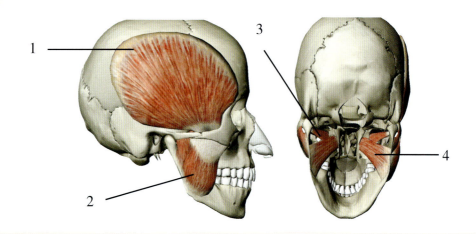

 你的不适

　　颞颌关节处疼痛，耳内深处疼痛。下颌张开困难。可伴见偏头痛，眉骨、上颌骨、下颌骨处疼痛。

 自我检查

　　张口困难。口放松，完全张开，食、中指的指节无法放入上下门齿间，或张口下颌向左右移动幅度小。

 准备设备

　　* 带靠背的椅子。

◎ 起始位置

背靠在椅子上坐稳。左手掌放在左侧面颊部上方。右手掌放在右侧面颊部下方。

起始位

◎ 拉伸方法

※ 向左侧注视。右手向左推动下颌，感到右侧下颌的肌肉被拉伸。

※ 向右侧注视。试着向右移动下颌对抗右手的压力；保持 5 秒钟。

※ 放松并注视左侧；右手推动下颌向左侧至极限。

※ 重复上述动作直到感觉不能再进一步拉伸，并且感到肌肉紧张为止，保持最后的拉伸动作 15 秒到 1 分钟，甚至更长的时间。

拉伸位

☀ 拉伸要求

1. 一般以拉伸 2~3 周为 疗程，每天 2 次，每次 5 组练习。
2. 互换双手，向相反的方向做该练习。右手掌放在右侧颊部上方，左手掌放在左面颊部下方。向左侧移动颌部至极限。

☀ 常见错误

头部旋转；颈部向后伸；眼睛看错方向；手握错位置。

☀ 温馨提示

1. 眼的移动会使此练习更加简单。
2. 如果带眼镜的话，在拉伸之前摘掉它，它的框架也许会有所阻碍。

☀ 拉伸后效果检测

口放松，完全张开，食、中指的指节可放入上下门齿间，或张口下颌向左右侧移动幅度可达一个手指的宽度。
建议患者到康复医师或治疗师处明确诊断和治疗，配合自我拉伸锻炼。

特别提醒

68

颞颌关节自我拉伸 -2

◎ 紧张的肌肉

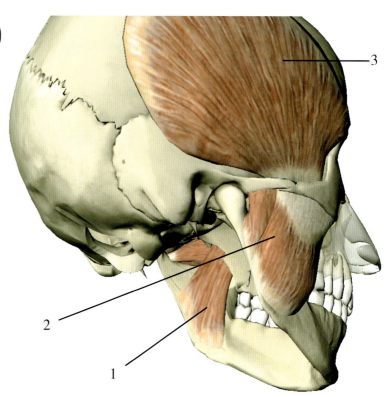

相关咀嚼肌：
1. 内侧翼状肌
2. 咬肌
3. 颞肌

 你的不适

 自我检查

 准备设备

颞颌关节处疼痛，三叉神经痛。

张嘴，颌部贴向右侧困难，或当张嘴时，下颌向右运动困难。

* 带靠背的椅子。

◎ 起始位置

　　背部挺直坐好，颈部放松。右手绕过头顶，右手掌放在左侧颞部。左手掌围绕下颌的后面抓紧。

起始位

◎ 拉伸方法

※ 向右侧注视。用左手向左前方拉动颌部。会感到右侧面颊拉伸。

※ 向左侧注视。试着向右侧移动下颌对抗左手的压力；保持5秒钟。

※ 放松并向右侧注视。用左手向左侧拉动下颌至极限，或拉动范围再大一些。

※ 重复上述动作直到感觉不能再进一步拉伸，并且感到肌肉紧张为止，保持最后的拉伸动作15秒到1分钟，甚至更长的时间。

拉伸位

☀ 拉伸要求

1. 一般以拉伸2~3周为一疗程，每天2次，每次5组练习。
2. 保持右手放在前额上；移动左手到左侧面颊。
3. 向左侧注视并且向左前移动下颌至极限。
4. 用左手抵抗运动，保持姿势几秒钟。

☀ 常见错误

头部旋转；颈部向后伸；眼睛注视方向错误；左手放松。

☀ 温馨提示

1. 眼睛的移动会使此练习更加简单。
2. 仅在右侧感到被拉伸。
3. 如果不能张开嘴，拉伸两侧面颊。
4. 如果拉伸疼痛，请教医生。

☀ 拉伸后效果检测

下颌应该可以向前和向两侧移动一个小指的距离。

特别提醒

69

颞颌关节自我拉伸 -3

◎ 紧张的肌肉

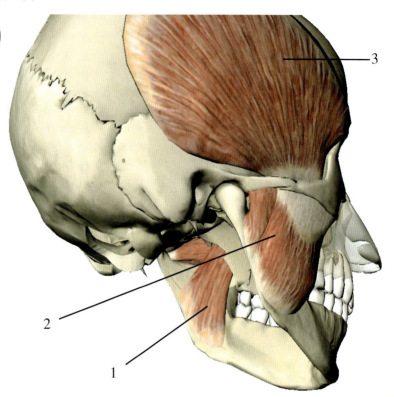

相关的咀嚼肌：

1. 内侧翼状肌
2. 咬肌
3. 颞肌

 你的不适

颞颌关节处疼痛。下颌张开困难。可伴有偏头痛，眉、上颌骨、下颌骨处疼痛，口腔内、耳内深处有一种模糊的酸痛。

 自我检查

张口困难。口放松，完全张开，食、中指的指节无法放入上下门齿间。

 准备设备

* 带靠背的椅子。

　　背部挺直坐好，颈部放松。左手扶住前额。右手的食指和中指伸入口内，扣住下尖牙，抓紧并对抗下颌。

起始位

☀ **拉伸要求**

1. 一般以拉伸 2~3 周为一疗程，每天 2 次，每次 5 组练习。
2. 互换双手，向相反的方向做该练习。右手放在前额，左手放在颌部的左侧。向左下方注视，向左下方拉伸颌部至极限。左颌对抗左手的力量。

☀ **常见错误**

头部旋转；颈部向后伸；眼注视方向错误；抓紧的手错误；手指滑下牙；右拇指没有稳固在下颌上。

☀ **温馨提示**

1. 眼睛的移动会使此项练习更加容易。
2. 只应该在右侧感到被拉伸。
3. 如果拉伸疼痛，请教医生。

☀ **拉伸后效果检测**

口放松，完全张开，食、中指的指节可放入上下门齿间。建议患者到康复医师或治疗师处明确诊断和治疗，配合自我拉伸锻炼。

◎ **拉伸方法**

※ 双眼注视下方。右手向前拉动颌部，会感到左右侧颌部被拉伸。

※ 抬头。尝试下颌对抗右手的力量；保持姿势 5 秒钟。

※ 放松并向下注视。右手向前拉动颌部至极限或更用力一点。

※ 重复上述动作直到感觉不能再进一步拉伸，并且感到肌肉紧张为止，保持最后的拉伸动作 15 秒到 1 分钟，甚至更长的时间。

拉伸位

特别提醒

70

颞颌关节自我拉伸 -4

◎ **紧张的肌肉**　　向外拉动颌部的肌肉：1. 外侧翼状肌

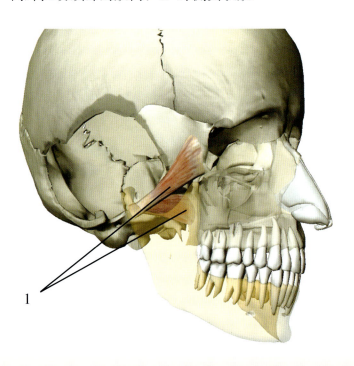

1

 你的不适

颞颌关节疼痛，上颌骨疼痛，可伴有耳鸣。

 自我检查

张口困难。口放松，完全张开，食、中指的指节无法放入上下门齿间。

 准备设备

* 带靠背的椅子。

　　背部挺直坐好，颈部放松。闭嘴但不要咬紧牙。左手放在头颈部，右手扶住下颌，四指在一侧，拇指在另一侧。

起始位

◎ 拉伸方法

※ 右手向后推动下颌，会感到颌部的两侧被拉伸。

※ 抬头；尝试向前用力推动下颌对抗右手的压力；保持 5 秒钟。

※ 放松；右手往后推动下颌部至极限或更用力一点。

※ 重复上述动作直到感觉不能再进一步拉伸，并且感到肌肉紧张为止，保持最后的拉伸动作 15 秒到 1 分钟，甚至更长的时间。

拉伸位

☀ 拉伸要求

1. 一般以拉伸 2~3 周为一疗程，每天 2 次，每次 5 组练习。
2. 互换双手的紧握，向后推动颌部至极限。双手对抗运动。

☀ 常见错误

头部旋转；颈部后仰；嘴张开。

☀ 温馨提示

如果推动下颌疼痛，不宜做该锻炼。

☀ 拉伸后效果检测

口放松，完全张开，食、中指的指节可放入上下门齿间。
建议患者到康复医师或治疗师处明确诊断和治疗，配合自我拉伸锻炼。

特别提醒

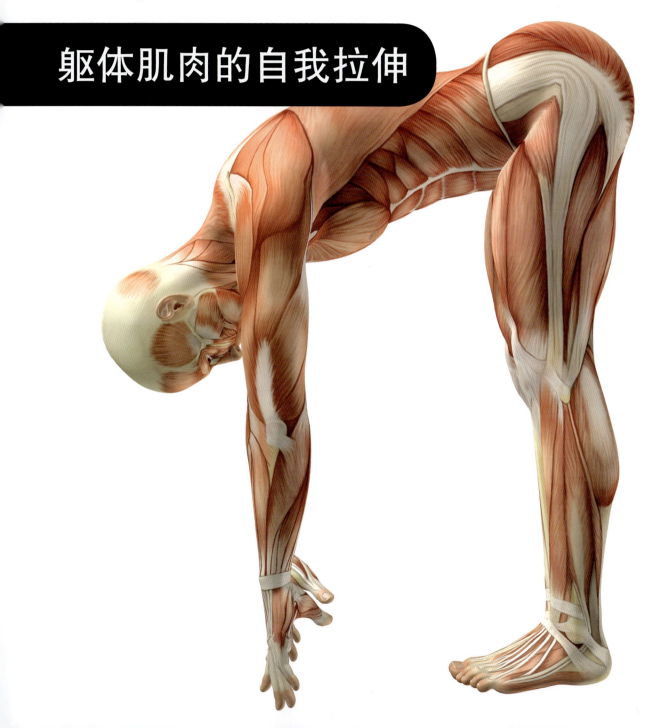

第6章

躯体肌肉的自我拉伸

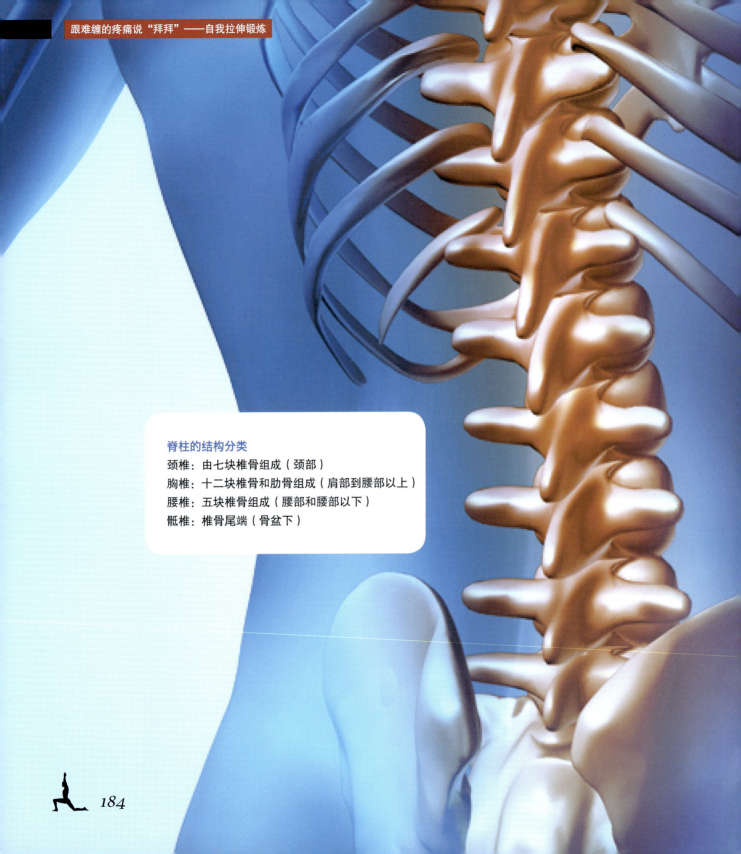

脊柱的结构分类

颈椎：由七块椎骨组成（颈部）

胸椎：十二块椎骨和肋骨组成（肩部到腰部以上）

腰椎：五块椎骨组成（腰部和腰部以下）

骶椎：椎骨尾端（骨盆下）

1. 脊柱

脊柱是由多块叫作椎骨的骨头组成的。椎骨间的活动范围比我们身体其他的关节活动范围要小，因此很难察觉它的活动。当每个椎骨的活动范围累加起来，就组成整个脊椎的一个较大活动范围。

脊柱周围肌肉的拉伸和其他部位的肌肉拉伸同样重要，但是脊柱部位肌肉的拉伸要尤为小心。错误的拉伸动作会比其他部位更加危险，因为附近有一些重要和薄弱的组织，比如脊髓、神经和椎间盘。为了避免损伤，拉伸练习应尽可能小心和注意，不要立刻进行颈部和背部的拉伸练习。除非你已经掌握了上下肢的拉伸练习技巧，然后才可能做对。

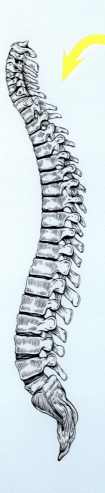

脊柱是全身骨骼最复杂的结构，它使身体保持自立。尽管好的姿势经常被描述为背部挺直，其实脊椎并不是直的。脊柱负重头部，支撑身体，保护脊髓，同时维持人体的运动自如。

每个练习在身体的左侧或右侧都可以进行，书中描述的都是在右侧的练习（极个别在左侧），如果你想在左侧进行，那么就应该把书中文字和图示的"右侧"都换成左侧。

通过下表，可根据部位查找你的麻烦所在。

部位	存在问题（自我诊断）	页数
下背部	5. 以右侧为例，坐位，腰以上水平向右旋和向左后方向后伸困难。下背部向前屈曲困难。	210

第1节 上背部自我拉伸

71

上背部自我拉伸-1

◎ 紧张的肌肉

使上背部向后伸的肌肉：

1. 最长肌
2. 髂肋肌
3. 棘肌
4. 半棘肌
5. 多裂肌

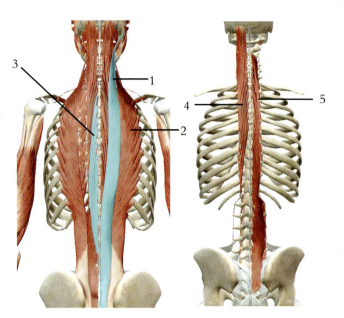

 你的不适

上背部疼痛，低头时明显。

 自我检查

坐位，腰部以上向前屈曲困难，下颌不能触及胸骨。

 准备设备

* 带靠背的椅子。

◎ 起始位置

　　背靠在椅子上坐稳，双腿分开。下背部用力靠在椅子后背上，下颌回收。下背部挤压椅背的同时，上背部向前屈曲。双手抓紧椅子的前缘，上肢放在双腿之间。

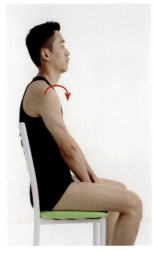

起始位

◎ 拉伸方法

※ 向肚脐方向低头。呼气，上背部向前倾斜，肋骨处会感到被拉伸。

※ 吸气，双手抓紧椅子的前缘，尝试伸直背部；保持 5 秒钟。

※ 放松并向肚脐方向低头。呼气用双手拉动使背部向前屈曲至极限或更用力一点。

※ 重复上述动作直到感觉不能再进一步拉伸，并且感到肌肉紧张为止，保持最后的拉伸动作 15 秒到 1 分钟，甚至更长的时间。

拉伸位

❋ 拉伸要求

1. 一般以拉伸 3~4 周为一疗程，每天 2 次，每次 5 组练习。
2. 保持双手紧握椅子前缘并低头。
3. 呼气并且上背部向前和向下屈曲至极限。
4. 用上肢和双手抵抗运动。

❋ 常见错误

下背部离开椅子；下颌向前突出。

❋ 温馨提示

仅应在上背部感觉到被拉伸，不应发生在下背部或其他部位。

❋ 拉伸后效果检测

坐位，腰部以上向前屈曲，下颌能触及胸骨。建议患者到康复医师或治疗师处明确诊断和治疗，配合自我拉伸锻炼。

特别提醒

上背部自我拉伸 -2

72

◎ 紧张的肌肉

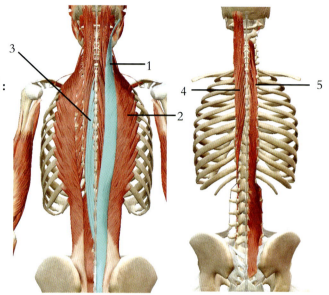

使上背部向后伸的肌肉：

1. 最长肌
2. 髂肋肌
3. 棘肌
4. 半棘肌
5. 多裂肌

 你的不适

颈背部疼痛，大椎穴周围酸痛。

 自我检查

坐位，腰部以上向前屈曲困难，下颌不能触及胸骨。

 准备设备

* 带靠背的椅子。

◎ **起始位置**

　　跨坐在椅子上，面对着椅子的后背。胸的中部靠在椅子后背上，下颌回收。

起始位

◎ **拉伸方法**

※ 向肚脐方向注视。呼气，上背部向前屈曲，会感到肋骨处被拉伸。

※ 抬头。下颌回收并吸气。用上肢对抗身体运动，同时背伸。

※ 放松；向肚脐方向低头。呼气并向前屈，在双手拉动下达到极限或更屈曲；保持5秒钟。

※ 重复上述动作直到感觉不能再进一步拉伸，并且感到肌肉紧张为止，保持最后的拉伸动作15秒到1分钟，甚至更长的时间。

拉伸位

☀ **拉伸要求**

1. 一般以拉伸3~4周为一疗程，每天2次，每次5组练习。
2. 呼气并且通过椅子的后背向前屈曲上身至极限。
3. 用双手对抗身体后伸运动。

☀ **常见错误**

下颌向前突出。

☀ **温馨提示**

1. 仅应该在背部感觉到拉伸，腰部或身体其他任何部位不应有这种感觉。
2. 想使效果更靠近背部的上面，应向上移动胸部固定的位置。

☀ **拉伸后效果检测**

坐位，腰部以上向前屈曲，下颌能触及胸骨。建议患者到康复医师或治疗师处明确诊断和治疗，配合自我拉伸锻炼。

特别提醒

73

上背部自我拉伸 -3

◎ 紧张的肌肉

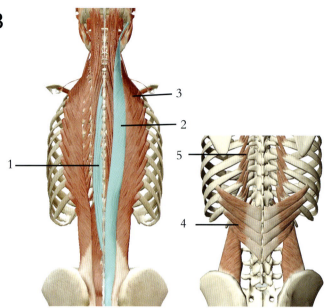

使上背部向后侧方旋转和后伸的肌肉：

1. 棘肌
2. 最长肌
3. 髂肋肌
4. 下后锯肌
5. 回旋肌

 你的不适

腰背部酸痛，臀部酸痛。可伴见胸前、胸侧、胸后疼痛，腹部疼痛。

 自我检查

坐位挺直躯干，转动肩部，难以和骨盆形成直角。

 准备设备

＊ 椅子或凳子。
＊ 小垫子或折叠的毛巾。

◎ 起始位置

　　坐在椅子上，躯干轻微前倾，垫子放在左臀部和大腿处，能一定程度阻止下背部向右侧旋转，双脚分开，脚底稳定地放在地板上。双手放在右大腿外侧抓紧座位边，或者右手抓住椅子下面，左手抓住右腿下面。

起始位

◎ 拉伸方法

※ 注视右后下方。呼气。向右旋转上身的同时，向右前方屈，在胸背部周围感觉到被拉伸。

※ 吸气，注视左侧，上肢对抗运动的同时，尝试伸背部；保持5秒钟。

※ 放松；注视右后下方；呼气，右上肢向右旋转的同时，右上肢下垂，在胳膊的拉动下，使躯干向右前侧屈曲达到极限。

※ 重复上述动作直到感觉不能再进一步拉伸，并且感到肌肉紧张为止，保持最后的拉伸动作15秒到1分钟，甚至更长的时间。

拉伸位

☀ 拉伸要求

1. 一般以拉伸3~4周为一疗程，每天2次，每次5组练习。
2. 双手保持紧握；向右后下方注视。
3. 呼气并且上身向右前侧屈曲，向右旋转至极限。
4. 右手臂对抗身体后伸运动，左手掌对抗椅子或右腿。

☀ 常见错误

下背部没向前屈；左臀部从椅子上翘起导致下背部向右侧旋转；用力过度。

☀ 温馨提示

仅应该在上背部感觉到被拉伸，下背部或其他部位不应有这种感觉。

☀ 拉伸后效果检测

坐位挺直躯干，转动肩部，能和骨盆形成直角。建议患者到康复医师或治疗师处明确诊断和治疗，配合自我拉伸锻炼。

特别提醒

74

上背部自我拉伸 -4

◎ 紧张的肌肉

使上背部旋，并向侧
后方屈的肌肉：
1. 最长肌
2. 半棘肌
3. 多裂肌
4. 回旋肌

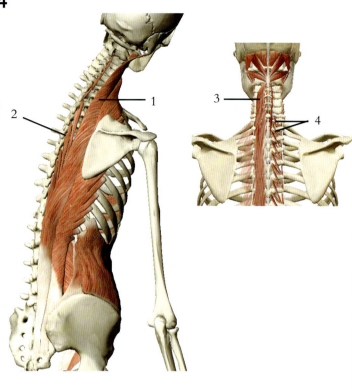

 你的不适

背痛，胸闷。类似
背寒症，不敢吹空调或
风扇。多见于中老年
妇女。

 自我检查

坐位，挺直躯干，
转动肩部，难以和骨盆
形成直角。

 准备设备

* 有靠背的椅子。
* 垫子。

◎ 起始位置

　　在左侧臀部和腿部垫上垫子，下背部紧靠椅背。左手在右肘内侧的位置抓住椅背，让右上肢自由下垂。上背部向右前侧屈曲。

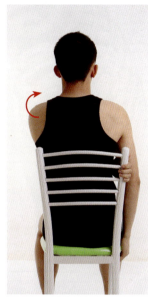

起始位

◎ 拉伸方法

※ 注视右后下方，呼气，上背部向右旋转和向右前侧屈曲，可感到肋骨周围被拉伸。

※ 吸气，向左侧注视。用上肢抵抗身体运动的同时，伸直背部，并使上身向左侧旋转；保持5秒钟。

※ 放松；向右后下方注视；呼气，肩向右侧旋转的同时，左手拉紧椅背，右上肢向下垂，使上背部向右前侧倾斜至极限。

拉伸位

※ 重复上述动作直到感觉不能再进一步拉伸，并且感到肌肉紧张为止，保持最后的拉伸动作15秒到1分钟，甚至更长的时间。

☀ 拉伸要求

1. 一般以拉伸3~4周为一疗程，每天2次，每次5组练习。
2. 双手保持紧握；向右后下方注视。
3. 呼气并且上身向右前侧屈曲，并向右旋转至极限。
4. 右手臂对抗身体的后伸运动，左手掌拉紧椅背。

☀ 常见错误

下背部没有向前屈曲；左臀部从椅子上翘起导致下背部向右侧旋转。

☀ 温馨提示

垫子越厚越牢固，下背部向右侧运动的范围越大，可加大拉伸的效果。

☀ 拉伸后效果检测

坐位挺直躯干，转动肩部，能和骨盆形成直角。建议患者到康复医师或治疗师处明确诊断和治疗，配合自我拉伸锻炼。

特别提醒

上背部自我拉伸 -5

75

◎ 紧张的肌肉

上背部向前屈曲的肌肉：
1. 腹直肌
2. 腹内斜肌

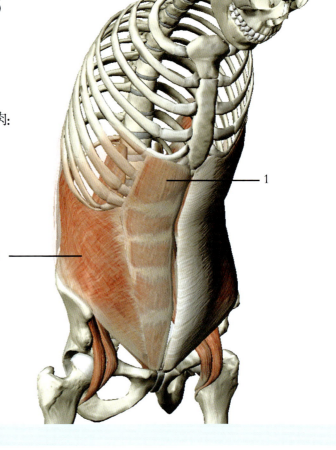

 你的不适

 自我检查

 准备设备

腰后仰受限。

站立位，双手掌叉腰，后伸上背部困难。

* 垫子或毛巾卷。

后背躺在地板上，膝抬起，脚放在墙上，膝关节呈直角。垫子放在后背紧张的部位，双手交叉放在颈部后面。

起始位

◎ 拉伸方法

※ 下颌回收。呼气，垫子上方的上背部向地板方向下降，肋骨前端可感到被拉伸。

※ 向肚脐方向低头。吸气并且收紧胸腹肌；保持 5 秒钟。

※ 放松，下颌回收。呼气，垫子上方的上背部向地板方向下降至极限。

※ 重复上述动作直到感觉不能再进一步拉伸，并且感到肌肉紧张为止，保持最后的拉伸动作 15 秒到 1 分钟，甚至更长的时间。

拉伸位

☀ 拉伸要求

1. 一般以拉伸 3~4 周为一疗程，每天 2 次，每次 5 组练习。
2. 呼气并且在背部不感到疼痛的情况下，尽可能地往下挤压头部、肩膀和肋骨上端。

☀ 常见错误

下背部成拱形；下颌向前突出；垫子滑动或不够软。

☀ 温馨提示

1. 可以根据不同的练习需要，往上或往下移动垫子。
2. 如果垫子靠近腰部导致张力过大，不能承受，可以试着采取头部或上背部躺在一个突起的部位，采取半坐的姿势。
3. 仅应该在上背部能感觉到被拉伸。

☀ 拉伸后效果检测

站立位，双手掌叉腰，可以后伸上背部。建议患者到康复医师或治疗师处明确诊断和治疗，配合自我拉伸锻炼。

特别提醒

197

76

上背部自我拉伸 -6

◎ 紧张的肌肉

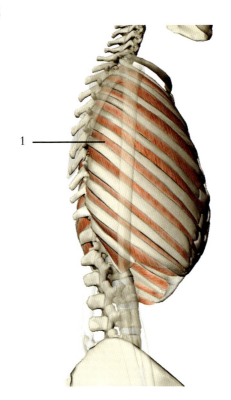

帮助吸气的肌肉：

1. 肋间外肌

 你的不适

深吸气出现胸痛。

 自我检查

深吸气，胸部有疼痛感。

 准备设备

* 结实的垫子。
* 舒适的枕头。
* 小沙袋或其他可以拉伸的重物。

◎ 起始位置

　　躺在地板上，膝关节屈曲；头颈部靠在枕头上，垫子放在僵硬的肋骨边缘，左踝放在右膝上。这种姿势可以阻止背部拱形的形成，保护下背部。右手举起重物与地面垂直。左手掌张开紧贴在左侧僵硬肋骨的下缘。

起始位

◎ 拉伸方法

※ 下颌内收；吸气。右手向右耳方向下降，左手对抗肋骨。胸前感到被拉伸。

※ 呼气，向上举起重物，肋骨处肌肉紧张；保持5秒钟。

※ 放松；下颌内收；吸气；右手向右耳方下降，左手沿肋骨向骨盆方向挤压对抗。右侧胳膊向下运动至极限或更向下一点。

※ 重复上述动作直到感觉不能再进一步拉伸，并且感到肌肉紧张为止，保持最后的拉伸动作15秒到1分钟，甚至更长的时间。

拉伸位

☀ 拉伸要求

1. 一般以拉伸2~3周为一疗程，每天2次，每次5组练习。
2. 吸气时，下背部有意向下挤压地板，左手对抗肋骨。

☀ 常见错误

左手滑离肋骨；下颌向前突出；吸气时，下背部没有向下挤压地板；右胳膊运动没有朝向右耳朵一侧。

☀ 拉伸后效果检测

深吸气，胸部没有任何疼痛感。建议患者到康复医师或治疗师处明确诊断和治疗，配合自我拉伸锻炼。

特别提醒

77

上背部自我拉伸 -7

◎ 紧张的肌肉

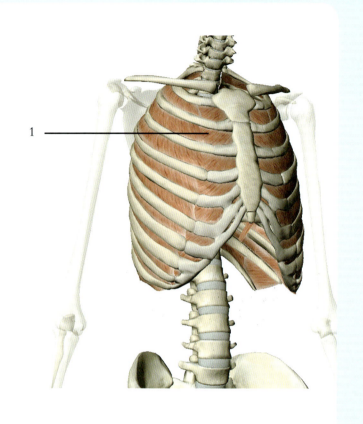

帮助呼气的肌肉：
1. 肋间内肌

 你的不适

呼气时出现胸痛。

 自我检查

用力呼气，胸部有疼痛感。

 准备设备

* 高度合适、有靠背的椅子。
* 垫子。

◎ **起始位置**

　　侧坐在椅子上，身体的左侧靠在椅背上。右拇指顶在呼气时肋骨感到疼痛的部位。左臂放松，放置于舒适的位置。

起始位

◎ **拉伸方法**

※ 呼气，右手拇指按压肋骨，肋骨疼痛的部位会感到被拉伸。

※ 吸气感觉向外扩张的肋骨有对抗右手拇指的力量；保持 5 秒钟。

※ 放松；呼气；右手拇指向下按压肋骨至极限。

※ 重复上述动作直到感觉不能再进一步拉伸，并且感到肌肉紧张为止，保持最后的拉伸动作 15 秒到 1 分钟，甚至更长的时间。

拉伸位

✹ **拉伸的要求**

1. 一般以拉伸 2~3 周为一疗程，每天 2 次，每次 5 组练习。
2. 右手拇指放在肋骨下边缘。
3. 尽可能地呼气。
4. 拇指对抗肋骨的运动。

✹ **常见的错误**

右手拇指从肋骨滑落。

✹ **正常活动能力检测**

随意呼气不会有任何疼痛感。建议患者到康复医师或治疗师处明确诊断和治疗，配合自我拉伸锻炼。

特别提醒

第 2 节　下背部自我拉伸

下背部自我拉伸 -1

78

◉ **紧张的肌肉**　使下背部后伸的肌肉：1. 竖脊肌；2. 多裂肌

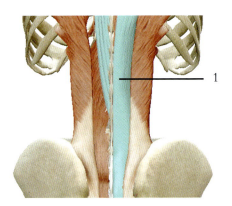
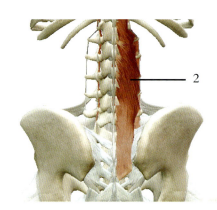

 你的不适

腰骶部酸痛，有时迁延至腹部疼痛。

 自我检查

向前弯腰时，腰骶角小于 70°。

 准备设备

* 桌子或长凳。
* 垫子或折叠的毛巾。

面朝下趴在桌子上，骨盆在桌子边缘外，垫子放于胸前，脚趾立于地板上，膝关节和髋关节保持屈曲。

起始位

◎ 拉伸方法

※ 臀部向地板方向下沉，可以感觉到下背部被拉伸。如果加强拉伸效果，可以让脚趾离开地面。

※ 拉紧背部的肌肉；保持 5 秒钟。

※ 放松；收紧臀部和屈曲膝部使脚趾离开地面，臀部向地面方向下沉至极限。

※ 重复上述动作直到感觉不能再进一步拉伸，并且感到肌肉紧张为止，保持最后的拉伸动作 15 秒到 1 分钟，甚至更长的时间。

拉伸位

☀ 拉伸要求

1. 一般以拉伸 3~4 周为一疗程，每天 2 次，每次 5 组练习。
2. 想要在背部往上的部位获得拉伸的效果，应该再往外移动骨盆。

☀ 常见错误

骨盆没有在桌子边缘以外。

☀ 温馨提示

1. 只应在背部的最下面感觉到被拉伸。如果上背部、腿部以下，或身体的其他任何部位感到被拉伸，应立刻停止这种拉伸。
2. 想要上背部获得拉伸的效果，需再往外移动骨盆。

☀ 拉伸后效果检测

向前弯腰时，腰骶角大于 70°。
建议患者到康复医师或治疗师处明确诊断和治疗，配合自我拉伸锻炼。

特别提醒

203

下背部自我拉伸 -2

79

◎ **紧张的肌肉**

下背部后侧方旋转和屈曲的肌肉：1. 多裂肌；2. 竖脊肌；
3. 回旋肌；4. 下后锯肌

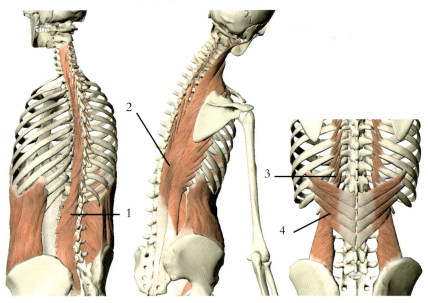

 你的不适

 自我检查

 准备设备

腰骶部痛，有时迁延至臀部疼痛。

坐位，在腰部水平，向右侧旋转的同时向右前侧屈曲困难。

* 椅或凳子。
* 垫子或折叠毛巾。

坐在凳子上，稍微前倾。垫子放在右侧臀部和大腿下面（可使下背部向右侧方屈曲），下背部向前倾并且向右侧旋转。双手抓紧右腿外侧的凳沿。

起始位

☀ 拉伸要求

1. 一般以拉伸3~4周为一疗程，每天2次，每次5组练习。
2. 双手保持紧握；向右后下方注视。
3. 呼气；使右肩向右旋至极限的同时向右前下方屈曲。
4. 双手对抗凳子和运动。

☀ 常见错误

双足在地板上滑动；过多地用力。

☀ 温馨提示

1. 如果下背部感到不舒服或疼痛，立即停止拉伸。
2. 如果练习过度，或者做错的话，也许会损伤背部。

☀ 拉伸后效果检测

以右侧为例，坐位，向右前侧屈曲的同时，可以向右旋转至肩膀和骨盆几乎成直角。建议患者到康复医师或治疗师处明确诊断和治疗，配合自我拉伸锻炼。

◎ 拉伸方法

※ 注视右后下方；右肩膀下沉；呼气，下背部向右侧旋转的同时，向右前侧屈曲，可以感到下背部被拉伸。

※ 注视左侧；吸气。对抗双手的力量，尝试着使下背部伸直并向左侧旋转。

※ 放松；向右后下方注视；呼气，在双手的轻微拉动下，下背部向右侧旋转的同时向右前侧屈曲至极限。

※ 重复上述动作直到感觉不能再进一步拉伸，并且感到肌肉紧张为止，保持最后的拉伸动作15秒到1分钟，甚至更长的时间。

拉伸位

特别提醒

205

下背部自我拉伸 -3

80

◎ 紧张的肌肉

使下背部向前屈曲的肌肉：
1. 腹直肌
2. 腹内斜肌

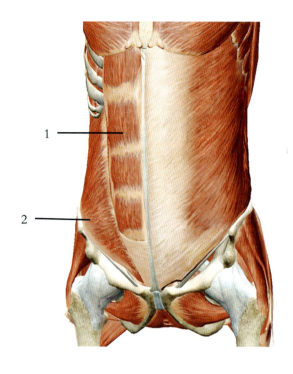

 你的不适

 自我检查

 准备设备

　　腰背部酸痛，可伴有腹部疼痛，夜间小便次数增加。

　　站立位，腰部以上水平向后伸腰困难。

　　* 稳定舒适的可躺下的地方。
　　* 垫子或包卷的毯子或大毛巾。

◎ 起始位置

躺在地板上，双腿分开，膝关节屈曲，脚底放在地板上，用垫子升高下背部和骨盆。

起始位

◎ 拉伸方法

※ 呼气，骨盆往地板方向下降，可感觉到胸腹部的肌肉被拉伸。

※ 吸气，在不抬高骨盆的情况下，收缩腹部的肌肉。

※ 放松；呼气，骨盆往地板方向下降至极限。

※ 重复上述动作直到感觉不能再进一步拉伸，并且感到肌肉紧张为止，保持最后的拉伸动作15秒到1分钟，甚至更长的时间。

拉伸位

☀ 拉伸要求

1. 一般以拉伸3~4周为一疗程，每天2次，每次5组练习。
2. 尽可能地拱腰。

☀ 常见错误

垫子在地板上滑动；骨盆升高。

☀ 温馨提示

1. 这是最重要的背部练习之一。
2. 只应该在下背部和胸腹部感觉到肌肉被拉伸。如果上背部、腿下部，或身体的其他任何部位感到不舒服或疼痛的话，立即停止这种练习。

☀ 拉伸后效果检测

站立位，腰部以上水平向后伸腰无障碍。建议患者到康复医师或治疗师处明确诊断和治疗，配合自我拉伸锻炼。

特别提醒

81

下背部自我拉伸 -4

◎ 紧张的肌肉

下背部向前旋的肌肉：
1. 肋间内肌
2. 腹内斜肌

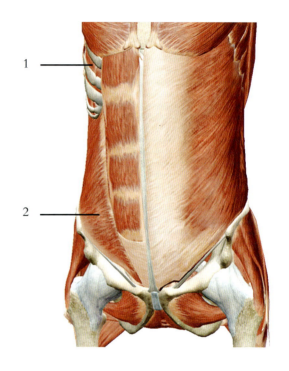

 你的不适

　　腰背部深层痛，可伴有下腹部疼痛，夜间小便次数增多。年轻女性可能出现痛经。

 自我检查

　　以右侧为例，坐位，腰部水平向右旋转和左后侧屈困难。

 准备设备

　　* 实垫或卷巾。
　　* 沙袋或可帮助拉伸的重物。

　　侧卧位，垫子置于腰部。左膝和左髋屈曲。伸直右膝以稳定骨盆。右手向外侧伸直；左手握重物，上臂向上指向屋顶。

起始位

◎ 拉伸方法

※ 注视左侧；呼气。上身向左旋，左臂向地板方向降低，使下背部感到被拉伸，保持左上肢向外侧伸直，保持肩关节不动。

※ 注视右侧；吸气。收紧肌肉，右旋上身。对抗左手向地板下沉的力；保持5秒钟。

※ 放松。注视左侧，呼气。上身向左旋，左上肢向地板下沉至极限。

※ 重复上述动作直到感觉不能再进一步拉伸，并且感到肌肉紧张为止，保持最后的拉伸动作15秒到1分钟，甚至更长的时间。

拉伸位

☀ **拉伸要求**

1. 一般以拉伸3~4周为一疗程，每天2次，每次5组练习。
2. 呼气；左手带动上身向左侧旋转，在肩关节没有运动的情况下，右上肢尽可能低地贴近地板。

☀ **常见错误**

下背部拱度不够；上身没有旋转，只是肩关节在运动。

☀ **温馨提示**

1. 应仅在下背周围和腹部感到肌肉被拉伸，如果在上背部、腿下部，或身体的其他任何部位感到不舒服或疼痛的话，立即停止这种练习。
2. 如果想使效果更好一点，可以把垫子垫高些。

☀ **拉伸后效果检测**

躯干前屈，可以向右旋转直至肩膀几乎可以和骨盆成直角。建议患者到康复医师或治疗师处明确诊断和治疗，配合自我拉伸锻炼。

特别提醒

82 下背部自我拉伸 -5

◎ 紧张的肌肉

下背部向前旋的肌肉：
1. 肋间内肌
2. 腹内斜肌

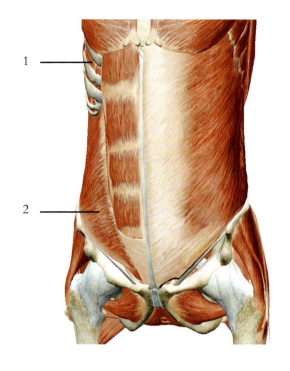

 你的不适

 自我检查

 准备设备

腰背部深层痛，伴有腹部疼痛。

以右侧为例，坐位，腰以上水平向右旋转和向左后方向后伸困难。下背部向前屈困难。

* 椅子或凳子。
* 小垫子或折叠的毛巾。

◎ 起始位置

坐位，下背部向前屈曲，双腿分开放在椅子的两侧，垫子放在左臀部和大腿下，使下背部向左侧屈。左手抓住椅座边，位置在大腿外侧；右手自由垂放。

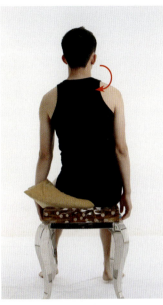

起始位

◎ 拉伸方法

※ 向右后上抬头，呼气，下背部向左屈和向右旋，下背部感到被拉伸。

※ 注视左侧，吸气，躯干挺直，尝试对抗左手，使左肩膀往后拉，保持5秒钟。

※ 放松，向右后上方抬头；呼气，下背部向左侧屈曲，向右侧旋转至极限。可以通过左手的拉动来帮助。

※ 重复上述动作直到感觉不能再进一步拉伸，并且感到肌肉紧张为止，保持最后的拉伸动作15秒到1分钟，甚至更长的时间。

拉伸位

☀ 拉伸要求

1. 一般以拉伸3~4周为一疗程，每天2次，每次5组练习。
2. 呼气，腰部水平向左后伸并向右侧旋转至极限。

☀ 常见错误

下背部成拱形；臀部两侧重量不均等，下背部没向左侧屈；过多用力。

☀ 温馨提示

仅在腰部水平感觉到被拉伸。如果在背部，腿下部，或身体的其他任何部位感到不舒服或疼痛的话，立即停止这种练习。

☀ 拉伸后效果检测

躯干前屈，可以向右旋转直至肩膀几乎可以和骨盆成直角。建议患者到康复医师或治疗师处明确诊断和治疗，配合自我拉伸锻炼。

特别提醒

参考文献

1. Janda V. Muskelfunktion in beziehung zur entwicklung vertebragener störungen. Manuelle medizin und ihre wissenschaftlichen grundlagen. Ver füphysikalische medizin, Heidelberg 1970.

2. Morton SK, Whitehead JR, Brinkert RH, Caine DJ. Resistance training vs. static stretching: effects on flexibility and strength. J Strength Cond Res. 2011, 25(12):3391-3398.

3. CiulloJV. Zarins B. Biomechanics of the musculotendinous unit. InB.Zarins(Ed.). Clinics in sports medicine (Vol. pp. 71-85) Philadelphia: W.B. Saunders. 1983.

4. Walshe AD, Wilson GJ. The influence of musculotendinous stiffness on drop jump performance. Can J Appl Physiol. 1997, 22(2):117-132.

5. Hung CJ, Hsieh CL, Yang PL, Lin JJ. Relationships between posterior shoulder muscle stiffness and rotation in patients with stiff shoulder. J Rehabil Med. 2010 Mar; 42(3):216-220.

6. Goff JD, Crawford R. Diagnosis and treatment of plantar fasciitis. Am Fam Physician. 2011, 84(6):676-682.

7. Henricson AS et al. The effect of heat and stretching on the range of hip motion. J Orthop & Spor, Phys Ther 1984, 6(2): 110-115.

8. Alter MJ. Science of Stretching. Human Kinetics. Illinois 1988.

9. Ekstrand J. Gillqust J. The avoidability of soccer injuris. Int J Sports Med 1983, 4:124-128.

10. Ekstrand J. Gillqust J. The frequency of muscle tightness and injuries in soccer players Am L Sports Med 1982, 10:75-78.

11. Andersson B. Stretching. Shelter Publications. California 1980.

12. Allison GT, Purdam C. Eccentric loading for Achilles tendinopathy--strengthening or stretching? Br J Sports Med. 2009, 43(4):276-279.

13. 拉伸运动电子书：Bob Anderson 的《Stretching》（全英）。

14. Village J, Morrison JB, Leyland A. Biomechanical comparison of carpet-stretching devices.Ergonomics. 1993,36(8):899-909.

15. Wiktorsson-Möller M et al. Effect of warming up, massage, and stretching on range of motion and muscle strength in the lower extremity. Am J Sports M ED 1983,11:249-252.

16. Ryan EE, Rossi MD, Lopez R. The effects of the contract-relax-antagonist-contract form of proprioceptive neuromuscular facilitation stretching on postural stability. J Strength Cond Res. 2010 Jul; 24(7):1888-1894.

17. Janda V. Die motorik als reflektorisches geschehen und ihre beddeutung in der pathogenese vertebragener stöyuagen, manuelle medizin. 1967, 5:1-6.

18. Leivseth G et al. Effect of passive muscle stretching in osteoarthritis of the hip, Clinical Science 1989, 76: 113-117.

19. Morio C, Chavet P, Androuet P, Foissac M, Berton E, Nicol C. Time course of neuro-mechanical changes underlying stretch-shortening cycle during intermittent exhaustive rebound exercise. Eur J Appl Physiol. 2011,111(9): 2295-2305.

20. Jenkins J, Beazell J. Flexibility for runners. Clin Sports Med. 2010 Jul; 29(3):365-377.

21. Puentedura EJ, Huijbregts PA, Celeste S, Edwards D, In A, Landers MR, Fernandez-de-Las-Penas C. Immediate effects of quantified hamstring stretching: hold-relax proprioceptive neuromuscular facilitation versus static stretching. Phys Ther Sport. 2011, 12(3):122-126.

22. Perrier ET, Pavol MJ, Hoffman MA. The acute effects of a warm-up including static or dynamic stretching on

countermovement jump height, reaction time, and flexibility. J Strength Cond Res. 2011 Jul; 25(7):1925-1931.

23. Wiktorsson-Möller M et al. Effect of warming up, massage, and stretching on range of motion and muscle strength in the lower extremity. Am J Sports M ED 1983,11:249-252.

24. Woodley BL, Newsham-West RJ, Baxter GD. Chronic tendinopathy: effectiveness of eccentric exercise. Br J Sports Med. 2007 Apr; 41(4):188-98; discussion 199.

25. Marvin C. Comparison of the hold-relax procedure and passive mobilization on increasing muxcle length. Phys Ther 1972, 52(7):725-735.

26. Simão R, Lemos A, Salles B, Leite T, Oliveira É, Rhea M, Reis VM. The influence of strength, flexibility, and simultaneous training on flexibility and strength gains. J Strength Cond Res. 2011 May; 25(5):1333-1338.

27. Stanish WD. Curwin S. Bryson G. Flexiblity in the prevention and recovery from sport injuries. Chapter 35 in Inflammation and healing of sports indueed soft tissue injury (resulting from workshop sponsored by A.O.S.S.M. and National Institute of Health, U.S.-due for publication in December, 1980.

28. Lin CF, Gross ML, Weinhold P. Ankle syndesmosis injuries: anatomy, biomechanics, mechanism of injury, and clinical guidelines for diagnosis and intervention. J Orthop Sports Phys Ther. 2006 Jun; 36(6):372-384.

29. Alter MJ. Science of Stretching. Human Kinetics. Illinois 1988.

30. Hamberg J. Test of muscle function according to Janda carries out on groups of children and adult, untrained and welltrained, men and women, as well as champion sportsmen, 1:st part: Sportsmedicine. Council of Europe, Clearing House. Brussels 1982: 756-757.

31. Henschke N, Lin CC.Stretching before or after exercise does not reduce delayed-onset muscle soreness. Br J Sports Med. 2011 Dec; 45(15):1249-1250.

32. 黄强民，张雄文，王俊，等．腰臀肌筋膜触发点疼痛和其下肢牵涉痛的诊断与治疗．中国康复医学杂志，2005,20(3):193-195.

33. 黄强民，张雄文，赵永敏，等．颈肌筋膜触发点疼痛和头部牵涉痛的诊断与治疗．中国康复医学杂志，2004, 19（5）:363-365.

34. CiulloJV. Zarins B. Biomechanics of the musculotendinous unit. InB.Zarins(Ed.). Clinics in sports medicine (Vol. pp. 71-85) Philadelphia: W.B. Saunders. 1983.

35. Ziv G, Lidor R. Physical characteristics, physiological attributes, and on-field performances of soccer goalkeepers. Int J Sports Physiol Perform. 2011 Dec; 6(4):509-524.

36. 黄强民，庄小强，谭树生．肌筋膜疼痛触发点的诊断与治疗．南宁：广西科学技术出版社，2010.